김수환 신경향 인적처 출제코드 미니북

문법편

출제 CODE

- CHAPTER 01 동사편
- CHAPTER 02 준동사편
- CHAPTER 03 절문법편
- CHAPTER 04 기타 문법편

Chapter 01

동사편

신경향 인혁처 출제코드(문법편)

출제 CODE 01　주어와 동사의 수일치 I

출제 CODE 02　주어와 동사의 수일치 II

출제 CODE 03　동사의 시제

출제 CODE 04　동사의 태 I

출제 CODE 05　동사의 태 II

출제 CODE 06　동사 vs. 준동사

출제 CODE 07　조동사

출제 CODE 08　가정법

출제 CODE 09　동사의 꼬리

주어와 동사의 수일치 I

CHAPTER 01 | 동사편

CODE 1-1 명사구/절 주어 수일치

회독 ● ● ●

명사구나 명사절이 주어 자리에 위치한 경우에는 **단수동사**를 사용하라!

★ To RV
★ RVing
★ That S' V'
   Whether S' V'
   의문사 (S') V'

\+ **단수V**
is, was, has, does,
일반V + -s/es

CODE 1-2 'the + 형용사(분사)' 수일치

회독 ● ● ●

'the + 형용사(분사)'가 '~한 사람들'의 의미를 나타내는 경우에는 **복수명사** 취급하라!

the + 형용사(분사)
~한 사람들

\+ **복수V**
are, were, have, do,
일반V + -s/es

the rich	the poor	the old(= the aged)
부유한 사람들	가난한 사람들	나이 든 사람들
the young	the dead	the mentally ill
젊은 사람들	죽은 사람들	정신 질환자들

CODE 1-3 상관접속사 수일치

상관접속사가 있는 'not A but B', 'not only A but (also) B', 'either A or B', 'neither A nor B'의 구조에서는 A와 B 중 **B**에 수일치 시킨다. 단, 'both A and B'의 경우에는 항상 뒤에 **복수동사**가 온다!

| not A but B
not only A but also B
either A or B
neither A nor B | + | V
B에 수일치 | | both A and B | + | **복수V** |

cf. both와 either가 형용사로 사용되는 경우에는 'both + 복수명사', 'either + 단수명사'가 된다.

cf. A (as well as B)   +   V
A에 수일치

CODE 1-4 도치된 주어 수일치

도치 구문에서 수일치 문제가 나오면 **주어**를 찾는 것이 관건이다!

부사(구)
형용사/분사   +      +   S

V 뒤에 있는 S에 수일치

출제 CODE 01   주어와 동사의 수일치 I

CODE 1-1   명사구/절 주어 수일치

EXERCISE와 문제편에서 다시 볼 예문들을 찾아 기록하고, 틈틈이 복습해 보세요.

CODE 1-2   'the + 형용사(분사)' 수일치

EXERCISE와 문제편에서 다시 볼 예문들을 찾아 기록하고, 틈틈이 복습해 보세요.

CODE 1-3 상관접속사 수일치

EXERCISE와 문제편에서 다시 볼 예문들을 찾아 기록하고, 틈틈이 복습해 보세요.

CODE 1-4 도치된 주어 수일치

EXERCISE와 문제편에서 다시 볼 예문들을 찾아 기록하고, 틈틈이 복습해 보세요.

주어와 동사의 수일치 II

CHAPTER 01 | 동사편

♥최빈출
CODE 2-1   긴 주어 수일치   회독 ●●●

주어 뒤에 각종 형용사적 수식어가 나오면, 이 **수식어**를 건너뛰고 **주어**와 **본동사**를 수일치시켜라!

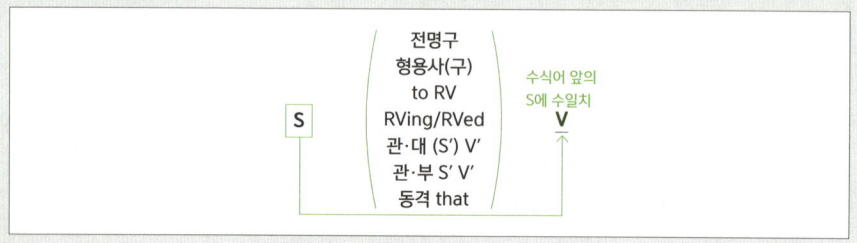

CODE 2-2   A of B 수일치   회독 ●●●

주어가 [A of B] 구조일 때, 일반적으로 동사는 **A**에 수일치시킨다. 하지만, A에 **전체나 부분을 나타내는 수량표현**(all, majority, most, many, much, half, some, any, 분수, percent 등)이 포함된 경우에는 동사의 수를 **B**에 일치시켜라!

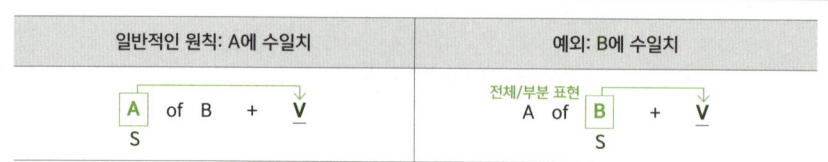

주요 수량표현: *all, majority, *most, many, *much, half, some, any, *분수, *percent
cf. 분수: a third(⅓), two thirds(⅔), a fourth(¼), three fourths(¾), two fifths(⅖), four fifths(⅘)

CODE 2-3 관계절 동사의 수일치

주격 관계대명사절 안에 있는 동사는 **선행사**와 수일치시켜라!

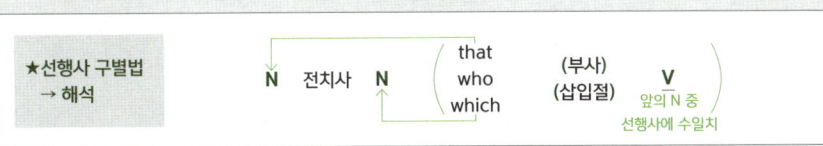

♥최빈출
CODE 2-4 구별해서 기억할 수일치

a number of vs. the number of, many vs. much, all vs. each/every, (a) few vs. (a) little 등 각 쌍의 **차이점을 명확히 정리**하라!

a number of vs. the number of	many vs. much
① **a number of** + 복수N + 복수V 　　= many　　　S ② **the** number of + 복수N + 단수V 　　　　S	① **many** + 복수N + 복수V 　　　　　S cf. **many** a + 단수N + 단수V ② **much** + 단수N + 단수V 　　　　(불가산) 　　　　　S
all vs. every/each	(a) few vs. (a) little
① **all** (of the) + 단수N + 단수V 　　　　(불가산) 　**all** (of the) + 복수N + 복수V 　　　　(가산) ② **every/each** + 단수N + 단수V 　　　　　S 　**each** of the + 복수N + 단수V 　S cf. every + 복수N: ~마다(부사로서 주어 X) 　every three weeks(3주마다) 　every two days(이틀마다)	① **(a) few** + 복수N + 복수V 　　　　(가산) 　　　　　S ② **(a) little** + 단수N + 단수V 　　　　(불가산) 　　　　　S

CODE 2-5 강조구문의 수일치

수일치와 'it ~ that' 강조구문의 개념을 동시에 요구하면, 복잡한 구문 속에서 **주어**를 찾는 것이 관건이다.

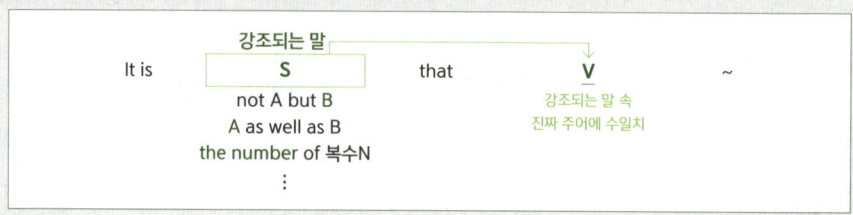

MEMO >>

코드노트
출제 CODE 02 주어와 동사의 수일치 II

♥최빈출

CODE 2-1   긴 주어 수일치

EXERCISE와 문제편에서 다시 볼 예문들을 찾아 기록하고, 틈틈이 복습해 보세요.

CODE 2-2   A of B 수일치

EXERCISE와 문제편에서 다시 볼 예문들을 찾아 기록하고, 틈틈이 복습해 보세요.

CODE 2-3 관계절 동사의 수일치

회독 ● ● ●

EXERCISE와 문제편에서 다시 볼 예문들을 찾아 기록하고, 틈틈이 복습해 보세요.

♥최빈출
CODE 2-4 구별해서 기억할 수일치

회독 ● ● ●

EXERCISE와 문제편에서 다시 볼 예문들을 찾아 기록하고, 틈틈이 복습해 보세요.

CODE 02 | 주어와 동사의 수일치 II

출제 CODE 02 주어와 동사의 수일치 II

CODE 2-5 강조구문의 수일치

EXERCISE와 문제편에서 다시 볼 예문들을 찾아 기록하고, 틈틈이 복습해 보세요.

MEMO >>

동사의 시제

CHAPTER 01 | 동사편

CODE 3-1 현재완료

현재완료는 과거에서 일어난 일이 현재까지 영향을 미치는 **선의 개념**이다. 선의 개념을 나타내는 시제 단서(*since, before, how long, over/for + 기간명사)가 있는지를 확인하라!

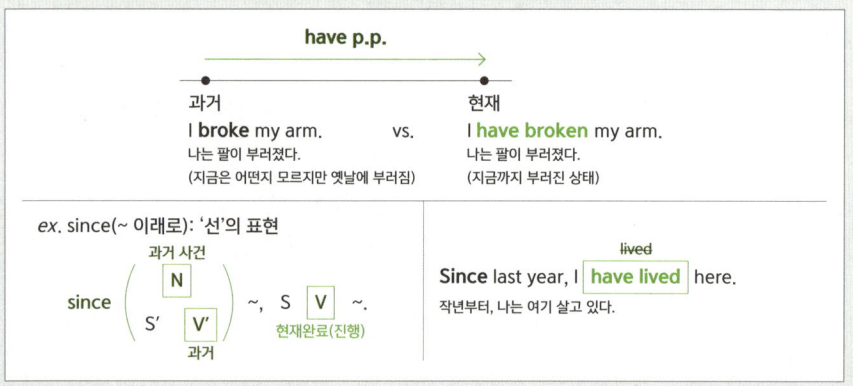

CODE 3-2 과거시제

과거시제는 과거 특정 시점에 일어난 사건을 묘사하는 **점의 개념**이다. 특정 과거 시점을 나타내는 시제 단서(*in + 연도, *ago, when, yesterday, just now 등)가 있는 경우에는 **과거시제를 사용**하라!

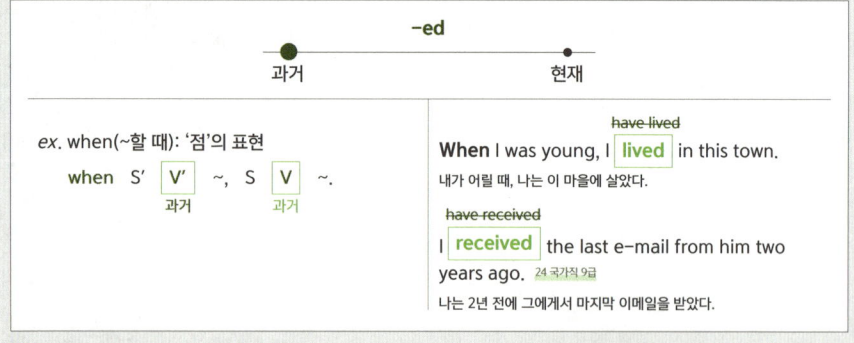

CODE 3-3 과거완료(= 더 과거)

과거완료는 특정 과거보다 먼저 발생한 사건을 묘사하는 '더 과거' 시제이다. 주변에 있는 과거시제와 비교해서 상대적으로 더 먼저 발생했다면 과거완료시제를 사용하라!

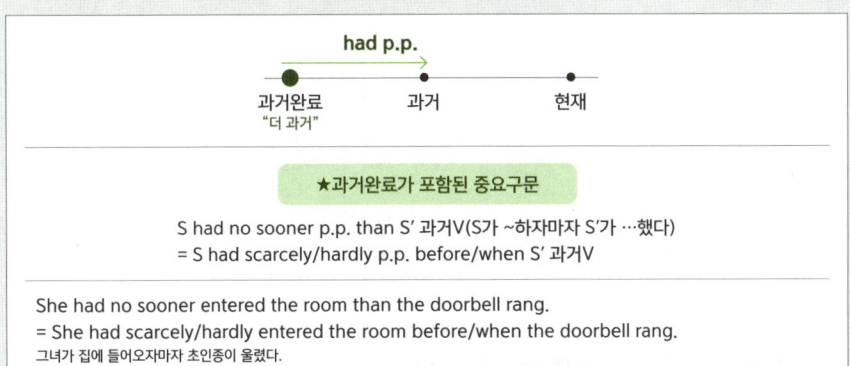

★과거완료가 포함된 중요구문

S had no sooner p.p. than S' 과거V(S가 ~하자마자 S'가 …했다)
= S had scarcely/hardly p.p. before/when S' 과거V

She had no sooner entered the room than the doorbell rang.
= She had scarcely/hardly entered the room before/when the doorbell rang.
그녀가 집에 들어오자마자 초인종이 울렸다.

CODE 3-4 현재시제

늘, 항상 반복되는 일의 경우에는 현재시제를 사용하라! 현재시제의 시간 단서로는 always, usually, generally, daily, every month와 같은 시간부사가 주어진다. 주절의 동사 시제가 과거일지라도 종속절(주로 명사절) 안에서의 동사가 반복적인 일이라면 현재시제를 사용한다.

This team usually work late on Fridays. 이 팀은 보통 금요일마다 늦게까지 일한다.
(work → works, 's' 추가 필요 표시)

Water boils at 100℃. 물은 100도에서 끓는다.

⇨ He discovered that water boils at 100℃. 그는 물이 100도에서 끓는다는 것을 발견했다.
(boils 위에 ed 표시)

CODE 3-5 현재시제의 미래 대용

시간(when, while, as, until, by the time, as soon as)과 조건(if, unless, once, as long as, in case)의 부사절에서 미래의 일을 나타내는 경우에는 미래시제 대신 현재시제를 사용하라!

*부사절	명사절(S, O, C 역할)
① 부사절이 주절 앞에 있을 때 $\begin{pmatrix} \text{When(~할 때)} \\ \text{If(~라면)} \end{pmatrix}$ S' V' ~ , S V ~. 　　　　　*현재시제　　미래시제	① 명사절 = S $\begin{pmatrix} \text{When(언제)} \\ \text{If(~인지 아닌지)} \end{pmatrix}$ S' V' ~ V ~. 　　　　　　　미래시제
② 부사절이 주절 뒤에 있을 때 S V ~, $\begin{pmatrix} \text{When(~할 때)} \\ \text{If(~라면)} \end{pmatrix}$ S' V' ~ . 미래시제　　　　　　　*현재시제	② 명사절 = O or C S V $\begin{pmatrix} \text{When(언제)} \\ \text{If(~인지 아닌지)} \end{pmatrix}$ S' V' ~ . 　　　　　　　　　　미래시제

추가로, 현재시제는 정해진 스케줄에 따라 일어날 것으로 예상되는 가까운 미래 사건을 묘사할 수 있다. 주로 왕래발착동사(arrive, leave, go, come, start, begin, end, finish, open, close)가 이 경우로 쓰인다.

> 오가거나 시작/완료하는 일과 관련된 동사
> 주요 왕래발착동사: arrive(도착하다), leave(떠나다, 출발하다), go(가다), come(오다), start(시작하다), begin(시작하다), end(끝나다), finish(완료하다), open(열다), close(닫다)

S + 현재V + (가까운 미래 표현)
　　V or V(e)s
His flight **leaves** in 20 minutes. 그의 비행기가 20분 뒤에 떠난다.
　　　　　　　시간 부사(미래)

CODE 3-6　주제명요충 should 생략

주장, 제안, 명령, 요구, 충고의 의미를 갖는 동사나 명사 뒤에 나오는 종속절이 당위의 의미를 나타내는 경우에 종속절의 동사 자리에는 '(should) 동사원형'을 쓴다. 주제명요충 동사에 해당하는 insist, suggest, propose, order, command, ask, require, request, demand, urge, advise, recommend 등을 암기하라!

주장(insist)
제안(suggest)
명령(order)　　　　　that　S　(should) RV　　　당위적 의미(~해야 한다)
요구(ask)
충고(advise)

cf. insist((어떤 사실을) 주장하다)
　　suggest(나타내다, 암시하다)　　that　S　V　　　당위적 의미가 아닌 경우에는 상황에 맞는 시제

He insisted that he saw an U.F.O.
그는 자신이 미확인 비행물체를 봤다고 주장했다.

CODE 3-7 미래완료시제

미래완료(will have p.p.)는 미래의 특정 시점 이전에 어떤 상황이나 동작이 완료되었을 것임을 말할 때 사용한다. 미래완료는 말 그대로 '완료'의 의미를 갖기 때문에 부사(구)인 by (the time)이 시제 단서로 주어지는 경우가 많다.

By the time you graduate, I **will have retired**.
네가 졸업할 때쯤이면 나는 은퇴해 있을 것이다.

The team **will have improved** significantly **by the time** of the tournament.
토너먼트가 시작될 때까지 팀은 크게 향상되었을 것이다.

I **will have visited** France three times **by** next month.
나는 다음 달이면 프랑스를 세 번 방문하게 된다.

My family **will have lived** in this house for twenty years **by** next spring.
내년 봄이면 우리 가족은 이 집에서 20년 동안 살게 된다.

cf. by the time은 과거완료시제와도 사용된다.
 By the time he got the product, it **had already been expired**.
 그가 제품을 받았을 때는 이미 유효기간이 지난 상태였다.

CODE 3-8 현재진행시제의 미래 표현

현재진행시제로도 가까운 미래에 비교적 확실히 일어날 일을 묘사할 수 있다.

S **am/are/is RVing** + 미래 시간 부사(구)

I **am leaving for** New York **tomorrow**. 나는 내일 뉴욕으로 출발한다.
                              시간 부사(미래)

cf. 진행시제가 불가한 동사들
 know, believe, belong to, like, want, look, taste, sound, resemble
 ~~have been knowing~~
 I **have known** Jose since I was seven. 15 지방직 9급
 7살 때부터 호세를 알고 있다.
 ~~are resembling~~
 The sisters **resemble** each other very much.
 그 자매는 서로 너무 닮았다.

MEMO >>

코드노트
출제 CODE 03 동사의 시제

♥ 최빈출

CODE 3-1 현재완료   회독 ● ● ●

EXERCISE와 문제편에서 다시 볼 예문들을 찾아 기록하고, 틈틈이 복습해 보세요.

○ ○
○ ○
○ ○
○ ○
○ ○
○ ○
○ ○
○ ○
○ ○
○ ○
○ ○
○ ○
○ ○

♥ 최빈출

CODE 3-2 과거시제   회독 ● ● ●

EXERCISE와 문제편에서 다시 볼 예문들을 찾아 기록하고, 틈틈이 복습해 보세요.

○ ○
○ ○
○ ○
○ ○
○ ○
○ ○
○ ○
○ ○
○ ○
○ ○
○ ○
○ ○

♥ 최빈출

CODE 3-3　과거완료(= 더 과거)　　회독 ◯◯◯

EXERCISE와 문제편에서 다시 볼 예문들을 찾아 기록하고, 틈틈이 복습해 보세요.

CODE 3-4　현재시제　　회독 ◯◯◯

EXERCISE와 문제편에서 다시 볼 예문들을 찾아 기록하고, 틈틈이 복습해 보세요.

출제 CODE 03 동사의 시제

CODE 3-5 현재시제의 미래 대용

EXERCISE와 문제편에서 다시 볼 예문들을 찾아 기록하고, 틈틈이 복습해 보세요.

CODE 3-6 주제명요충 should 생략

EXERCISE와 문제편에서 다시 볼 예문들을 찾아 기록하고, 틈틈이 복습해 보세요.

CODE 3-7 미래완료시제

EXERCISE와 문제편에서 다시 볼 예문들을 찾아 기록하고, 틈틈이 복습해 보세요.

CODE 3-8 현재진행시제의 미래 표현

EXERCISE와 문제편에서 다시 볼 예문들을 찾아 기록하고, 틈틈이 복습해 보세요.

동사의 태 I

CHAPTER 01 | 동사편

♥최빈출
CODE 4-1 동사/준동사의 태

회독 ●●●

태는 '주어-동사'의 관계를 따지는 것이다. 따라서 태 문제를 풀 때에는 **주어**가 동사의 **행위자(주체)**인지 **대상(객체)**인지를 파악하는 것이 가장 중요하다. **동사**와 **준동사**의 경우를 비교하여 기억해 둔다.

동사의 태	
주어가 동작의 행위자(주체) ⇨ **능동** S V O **He built** the house. 주어 He가 지은 '**주체**'	주어가 동작의 대상(객체) ⇨ **수동** S' be p.p. by + 목 **The house was built** (by him). 주어 The house가 지어진 '**객체**'

준동사의 태		
의미상 주어가 동작의 행위자(주체) ⇨ **능동** 의미상 주어가 동작의 대상(객체) ⇨ **수동**		
부정사의 태 to RV vs. to be p.p. **능동** **수동** I want **to invite** you. 나는 너를 초대하길 원한다. I want **to be invited**. 나는 초대받길 원한다.	**동명사의 태** RVing vs. being p.p. **능동** **수동** I remember **inviting** you. 나는 너를 초대했던 것을 기억한다. I remember **being invited**. 나는 초대받았던 것을 기억한다.	**분사의 태** RVing vs. (being) p.p. **능동** **수동** I felt sad with **no one inviting** me. 아무도 나를 초대하지 않아서 슬펐다. **Those invited** should wear a suit. 초대받은 사람은 정장을 입어야 한다.

> **SWAN's TIP** 1. 동사/준동사 뒤 **목적어 유무**를 파악하라!
> (목적어 O: **능동** vs. 목적어 X: **수동**)
> 2. 자동사는 무조건 **능동** ⇨ CODE 5-1 참조

CODE 4-2 감정동사의 태

동사의 주어나 수식받는 명사가 감정을 유발시키면 현재분사를, 감정을 느끼면 과거분사를 사용하라!

빈출 감정동사: bore(지루하게 하다), tire(피곤하게 하다), frustrate(좌절시키다), disappoint(실망시키다), please(기쁘게 하다), surprise(놀라게 하다), interest(흥미롭게 하다), annoy(짜증나게 하다), irritate(짜증나게 하다)

| 의미상 주어 S | be | 감정V + | ~ing : S가 감정 유발
vs.
p.p. : S가 감정을 느낌 | | 감정V + | ~ing : N가 감정 유발
vs.
p.p. : N가 감정을 느낌 | 의미상 주어 N |

The movie was boring. 그 영화는 지루했다.   a boring movie 지루하게 만드는 영화
The audience was bored. 관객들은 지루함을 느꼈다.   the bored audience 지루함을 느끼는 관객

CODE 4-3 수여동사(4형식)의 수동태

능동태일 때 두 개의 목적어를 취하는 수여동사는 수동태로 쓰여도 의사소통 목적상 뒤에 목적어를 취한다.

중요 수여동사: *give(주다), *ask(묻다), *offer(제공하다), assign(할당하다), grant(주다, 부여하다), send(보내다), show(보여주다), refuse(거절하다), allow(허락하다), award(수여하다), pay(지불하다)

She sent him the document. 그녀는 그에게 그 문서를 보냈다.
= He **was sent** the document (by her).
    └ 수동태가 되어도 목적어가 남아있음!
= The document **was sent** to him.

CODE 4-4　목적격보어를 취하는 동사(5형식)의 수동태

목적격보어를 취하는 동사는 수동태로 쓰여도 의사소통 목적상 뒤에 **보어**를 취한다.

목적격보어(상태)를 취하는 주요 동사(⇨ CODE 18-2)

아래 동사들은 **수동태가 되었을 때 형용사**나 **명사가 목적격보어로 온다는 점에 유의**하라!
*make(만들다), leave(~하게 두다), think(생각하다), keep(유지하다), *consider(간주하다), find(여기다), name(이름 짓다), *call(부르다), *elect(선출하다), *appoint(임명하다)

He **was appointed** the chairman. 그는 의장으로 임명되었다.
　　　　　　　└ 수동태가 되어도 목적어가 남아있음에 유의!

목적격보어(동작)를 취하는 주요 동사(⇨ CODE 9-4)

아래 동사들은 수동태가 되었을 때 **부정사**가 목적격보어로 오게 된다. 반대로 **능동태가 되었을 때는 부정사가 바로 뒤에 올 수 없다는 점을 명심**하라! (일부 동사는 수동태로 출제되지 않으므로 CODE 9-4 에 새로운 동사도 있음.)
ask(요청하다), require(요구하다), advise(충고하다), allow(허락하다), permit(허락하다), encourage(격려하다), expect(기대하다), persuade(설득하다), force(강요하다), compel(강요하다), urge(충고하다), order(명령하다), tell(말하다), suppose(가정하다), schedule(계획하다)

　　　　　　　advised
Dental patients **are advised to return** to the clinic once a month for check-ups.
치과 환자들은 한 달에 한 번씩 내원하여 검진을 받는 것이 좋다.

CODE 4-5 by 이외의 전치사를 사용하는 수동태 표현

수동태 뒤에서 행위자를 나타낼 때는 전치사 by를 사용한다. 행위자가 아닌 경우에는 동사의 종류에 따라 전치사 by가 아닌 아래와 같은 전치사를 사용한다.

be p.p. + with	
be satisfied with	~에 만족하다
be pleased with	~에 기뻐하다
be associated with	~에 연관되다
be covered with	~로 덮여있다
be concerned with	~에 관련되다
be equipped with	~를 갖추다
be faced with	~에 직면하다
be filled with	~으로 가득 차다

be p.p. + to	
be dedicated to	~에 전념하다
be devoted to	
be committed to	
be exposed to	~에 노출되다
be related to	~와 관련되다
be assigned to	~에 배정되다

be p.p. + in	
be interested in	~에 흥미가 있다
be engaged in	~에 종사하다
be involved in	~에 연관되다(가담)
be absorbed in	~에 몰두하다

be p.p. + at	
be surprised at	~에 놀라다
be shocked at	~에 충격받다
be disappointed at	~에 실망하다

be known to/by/for/as	
be known to	~에게 알려져 있다
be known by	~에 의해 알 수 있다
be known for	~로 유명하다
be known as	~로서 알려져 있다

He **is known** to everybody.
그는 모든 사람에게 알려져 있다.
A man **is known** by his company he keeps.
사람은 그가 사귀는 사람들에 의해 알 수 있다.
He **is known** for his novels.
그는 그의 소설로 유명하다.
He **is known** as a teacher.
그는 선생님으로 알려져 있다.

MEMO >>

코드노트
출제 CODE 04 동사의 태 I

♥최빈출
CODE 4-1   동사/준동사의 태   회독 ●●●

EXERCISE와 문제편에서 다시 볼 예문들을 찾아 기록하고, 틈틈이 복습해 보세요.

♥최빈출
CODE 4-2   감정동사의 태   회독 ●●●

EXERCISE와 문제편에서 다시 볼 예문들을 찾아 기록하고, 틈틈이 복습해 보세요.

CODE 4-3 수여동사(4형식)의 수동태   회독 ●●●

EXERCISE와 문제편에서 다시 볼 예문들을 찾아 기록하고, 틈틈이 복습해 보세요.

○ ○
○ ○
○ ○
○ ○
○ ○
○ ○
○ ○
○ ○
○ ○
○ ○
○ ○
○ ○

♥최빈출
CODE 4-4 목적격보어를 취하는 동사(5형식)의 수동태   회독 ●●●

EXERCISE와 문제편에서 다시 볼 예문들을 찾아 기록하고, 틈틈이 복습해 보세요.

○ ○
○ ○
○ ○
○ ○
○ ○
○ ○
○ ○
○ ○
○ ○
○ ○
○ ○
○ ○
○ ○

출제 CODE 04 동사의 태 I

CODE 4-5 by 이외의 전치사를 사용하는 수동태 표현   회독

EXERCISE와 문제편에서 다시 볼 예문들을 찾아 기록하고, 틈틈이 복습해 보세요.

○ ○
○ ○
○ ○
○ ○
○ ○
○ ○
○ ○
○ ○
○ ○
○ ○
○ ○
○ ○

Chapter 01 | 동사편

MEMO >>

동사의 태 II

CHAPTER 01 | 동사편

CODE 5-1 절대자동사

영어에는 항상 능동으로 사용되는 **절대자동사**가 있다. 절대자동사는 어떤 경우에도 **수동태**나 명사를 수식하는 **과거분사**로 사용할 수 없음을 명심하라!

절대자동사

work(일하다, 작동하다), walk(걷다), lie(눕다, 놓여있다), sit(앉다), run(달리다), fall(떨어지다), go(가다), come(오다), travel(이동하다), *appear(나타나다), exist(존재하다), emerge(출현하다), *occur(발생하다), take place(발생하다), happen(발생하다), *disappear(사라지다), *die(죽다), *consist of(~로 구성되다), *suffer (from)(~로 고통받다), *result in(~을 야기하다), result from(~에서 기인하다), *look(~하게 보이다), sound(~하게 들리다), *belong to(~에 속하다), become(~이 되다), remain(~한 상태로 남다)

---

① 절대자동사는 수동태(be p.p.)로 사용되지 않는다!

~~is consisted~~
The earth **consists** mostly of water.
지구는 대체적으로 물로 구성되어 있다.

② 절대자동사는 과거분사가 되어 명사를 수식할 수 없다!

~~consisted~~
The earth **consisting** mostly of water is a beautiful planet.
대체적으로 물로 구성된 지구는 아름다운 행성이다.

cf. 타동사이지만 수동태로 쓰지 않는 동사(주로 소유나 상태)
: have(갖다), possess(소유하다), lack(~이 없다, 부족하다), resemble(~와 닮다)
I have my own laptop. → My laptop ~~is had by~~ me. (X)
난 내 노트북을 가지고 있어.   내 노트북은 나에 의해 소유돼.

CODE 5-2 지각/사역동사의 수동태

지각동사(see, hear, watch, observe, listen to 등)와 **사역동사**(make)가 수동태로 쓰이면 목적격보어 자리에 **to부정사를 선택**하라! (CODE 4-4 와 함께 정리하길 추천!)

be 지각 p.p. + to RV or RVing
    seen, heard 등   진행 의미 강조

be made + to RV
    let, have: 수동 X

CODE 5-3 형태가 비슷한 자동사 vs. 타동사

형태가 비슷하여 혼동하기 쉬운 자동사와 타동사를 명확히 정리하라!

자동사	타동사
★lie - lay - lain(눕다, 놓여 있다) rise - rose - risen(오르다) arise - arose - arisen(발생하다) sit - sat - sat(앉다)	★lay - laid - laid(놓다, 낳다) raise - raised - raised(올리다) arouse - aroused - aroused(불러일으키다) seat - seated - seated(앉히다)

CODE 5-4 구동사의 수동태

구동사가 수동태로 쓰이면 구동사의 일부인 전치사와 동작의 행위자 앞에 붙는 by가 나란히 배열되므로 주의가 필요하다.

주요 구동사: *refer to A as B(A를 B라고 지칭하다), think of A as B(A를 B라고 생각하다), deal with(~을 다루다), depend on(~에 의지하다), laugh at(~을 비웃다), pay attention to(~에 주목하다), take advantage of(~을 이용하다), *look at(~을 보다), look after(~을 돌보다), take care of(~을 돌보다), dispose of (~을 버리다)

<blockquote>
She laughed at him.
= He was laughed at *by her.
</blockquote>

코드노트
출제 CODE 05 동사의 태 II

♥최빈출
CODE 5-1 절대자동사   회독 ●●●

EXERCISE와 문제편에서 다시 볼 예문들을 찾아 기록하고, 틈틈이 복습해 보세요.

○ ○
○ ○
○ ○
○ ○
○ ○
○ ○
○ ○
○ ○
○ ○
○ ○
○ ○

♥최빈출
CODE 5-2 지각/사역동사의 수동태   회독 ●●●

EXERCISE와 문제편에서 다시 볼 예문들을 찾아 기록하고, 틈틈이 복습해 보세요.

○ ○
○ ○
○ ○
○ ○
○ ○
○ ○
○ ○
○ ○
○ ○
○ ○
○ ○

♥최빈출
CODE 5-3　형태가 비슷한 자동사 vs. 타동사　회독 ○○○

EXERCISE와 문제편에서 다시 볼 예문들을 찾아 기록하고, 틈틈이 복습해 보세요.

♥최빈출
CODE 5-4　구동사의 수동태　회독 ○○○

EXERCISE와 문제편에서 다시 볼 예문들을 찾아 기록하고, 틈틈이 복습해 보세요.

출제 CODE 06 동사 vs. 준동사

CHAPTER 01 | 동사편

♥최빈출
CODE 6-1 | 문장의 최소 요건

회독 ● ● ●

문장에는 최소 하나의 주어와 하나의 동사가 있어야 한다. 문장에 **동사가 없는 경우에는 동사를 선택**하고, **동사가 있는 경우에는 준동사를 정답**으로 선택하라!

문장의 기본: S + V ~.

주어가 항상 생략되는 **명령문**을 제외하고, 모든 문장에는 주어와 동사가 최소 1개씩 필요!

출제 패턴 ①: 동사 자리
S ~ (Ⓥ / 준V) ~.
앞에 주어가 있으므로, 술어 역할을 할 동사가 필요!

출제 패턴 ②: 준동사 자리
S V ~ (V / 준Ⓥ) ~.
앞에 동사가 있으므로, 준동사가 필요!

CODE 6-2 동사의 개수 = 접속사의 개수 +1

절과 절을 연결하기 위해서는 반드시 접속사가 있어야 한다. 동사의 개수는 '접속사의 개수+1'임을 명심하라.

★동사의 개수 = 접속사의 개수+1

S V ~, 접 S′ V′ ~.

[접속사 정리]

구분	종류	주요 예시
종속접속사	명사절 접속사	that(~ 것), whether/if(~인지 아닌지), 의문사(wh-)
	형용사절 접속사	관계대명사(who, which, whose, whom …) 관계부사(when, how, where, why)
	부사절 접속사	시간(when, while, as soon as …) 이유(because, since, now that …) 조건(if, once, as long as …) 양보(though, although …) 목적(so that …)

cf. 유의: 등위접속사(and, or 등)
V1 and V2 ⇨ 동사가 2개여도 접속사 1개
V1, V2, and V3 ⇨ 동사가 3개여도 접속사 1개
V1, V2, V3, and V4 ⇨ 동사가 4개여도 접속사 1개

코드노트
출제 CODE 06 동사 vs. 준동사

♥ 최빈출

CODE 6-1   문장의 최소 요건   회독 ● ● ●

EXERCISE와 문제편에서 다시 볼 예문들을 찾아 기록하고, 틈틈이 복습해 보세요.

○○
○○
○○
○○
○○
○○
○○
○○
○○
○○
○○
○○

CODE 6-2   동사의 개수 = 접속사의 개수 +1   회독 ● ● ●

EXERCISE와 문제편에서 다시 볼 예문들을 찾아 기록하고, 틈틈이 복습해 보세요.

○○
○○
○○
○○
○○
○○
○○
○○
○○
○○
○○
○○

MEMO >>

조동사

CHAPTER 01 | 동사편

CODE 7-1 조동사 시제 비교

추측을 나타내는 조동사의 출제 의도는 시제이다. 따라서 조동사 주변에 주어지거나 암시된 시제 단서에 주목하라!

조동사 + RV = 현재/미래			조동사 + have p.p. = *과거	
must	RV	~해야 한다/틀림없이 ~이다	must have p.p.	틀림없이 ~했을 것이다
should	RV	~해야 한다	should have p.p.	~해야 했다(후회)
(= ought to)	RV		(= ought to have p.p.)	
would	RV	~할 것 같다	would have p.p.	~했을 것 같다
could	RV	~할 수도 있다	could have p.p.	~할 수도 있었다
may/might	RV	~일지도 모른다	may/might have p.p.	~였을지도 모른다

CODE 7-2 used to RV vs. be/get used to RVing vs. be used to RV

used to RV, be/get used to RVing, be used to RV의 차이를 확실히 구별하라!

표현	의미	예문
used to RV	~하곤 했다	I used to ride a bike. 나는 자전거를 타곤 했다.
be/get used to RVing = be/get accustomed to RVing	~하는 데 익숙하다	I got used to riding a bike. 나는 자전거를 타는 데 익숙해졌다.
be used to RV	~하기 위해 사용되다	This tool is used to repair a bike. 이 연장은 자전거를 고치기 위해 사용된다.

CODE 7-3 강조의 조동사 do

do는 조동사로 사용되면 강조의 의미를 나타내며 뒤에 동사원형을 취한다. 'do + 부사 + 동사원형' 형태에 주의하라! 조동사 do는 수일치를 해야 하며, 현재시제(do/does)와 과거시제(did)가 존재한다.

Parents usually love their kids. 부모들은 대개 자식을 사랑한다.
⇩
Parents **do usually love** their kids. 부모들은 대개 자식을 정말 사랑한다.
조동사(시제/수) + 부사 + 동사원형

CODE 7-4 기타 유의할 조동사

had better, would rather, ought to 등 주요 기타 조동사들의 부정형과 의미를 구별하여 기억하라!

긍정형	부정형
*had better(= 'd better) RV (~하는 게 낫다) would (much) rather(= 'd rather) A than B (B 하느니 차라리 A 하겠다) ought to RV (~해야 한다)	had better not RV (~하지 않는 게 낫다) would rather not RV (차라리 ~ 않겠다) ought *not to RV (~하지 말아야 한다)

출제 CODE 07 조동사

CODE 7-1 조동사 시제 비교

EXERCISE와 문제편에서 다시 볼 예문들을 찾아 기록하고, 틈틈이 복습해 보세요.

CODE 7-2 used to RV vs. be/get used to RVing vs. be used to RV

EXERCISE와 문제편에서 다시 볼 예문들을 찾아 기록하고, 틈틈이 복습해 보세요.

CODE 7-3 강조의 조동사 do

EXERCISE와 문제편에서 다시 볼 예문들을 찾아 기록하고, 틈틈이 복습해 보세요.

♥최빈출
CODE 7-4 기타 유의할 조동사

EXERCISE와 문제편에서 다시 볼 예문들을 찾아 기록하고, 틈틈이 복습해 보세요.

가정법

CHAPTER 01 | 동사편

CODE 8-1　직설법

어떤 일이 발생할 것인지 불확실할 때에는 직설법을 사용하며, 부사절의 내용이 미래의 일일지라도 현재시제를 사용하라! (CODE 3-5 와 동일)

If　S　+　현재시제 ~,　S　+　will / can / may　+　동사원형
　　　　　미래시제

♥최빈출
CODE 8-2　가정법 과거(= 현재 사실과 반대)

일어날 수 없는 일이나 현재의 일을 반대로 뒤집어 가정할 때에는 가정법 과거를 사용한다. 아래의 공식을 적용하라!

If　S　+　과거시제 ~,　S　+　would / could / may/might　+　동사원형
　　동사가 be동사일 경우: *were를 사용

♥최빈출
CODE 8-3　가정법 과거완료(= 과거 사실과 반대)　　회독 ●●●

이미 발생한 일이나 과거의 일을 반대로 뒤집어 가정할 때에는 가정법 과거완료를 사용한다. 아래의 공식을 적용하라!

$$\text{If } S + \text{had p.p.} \sim, \quad S + \begin{matrix} \text{would} \\ \text{could} \\ \text{may/might} \end{matrix} + \text{have p.p.}$$

♥최빈출
CODE 8-4　혼합가정법　　회독 ●●●

혼합가정법은 이미 발생한 과거의 일을 반대로 뒤집어 보았을 때 현재 어떠할지를 상상하는 것이다. 종속절과 주절의 시제 단서에 주목하라!

$$\text{If } S + \underbrace{\text{had p.p.} \sim}_{\substack{\text{then} \\ \text{at that time}}}, \quad S + \begin{matrix} \text{would} \\ \text{could} \\ \text{may/might} \end{matrix} + \underbrace{\text{동사원형}}_{\substack{\text{now} \\ \text{today}}}$$

CODE 8-5   가정법 도치

가정법의 if절은 다음의 3가지 경우에 한하여 도치가 일어날 수 있다.

> ★가정법 if절 도치 공식
>
> ① if를 지운다.
> ② 주어와 (조)동사의 위치를 바꾼다.
>
> If S were ~   Were S ~
> If S had p.p. ~   ⟶ Had S p.p. ~
> If S should RV ~   Should S RV ~
> 해석: 혹시라도(낮은 가능성)

CODE 8-6   가정법 미래

실현 가능성이 없거나 극히 낮은 상황을 가정할 때에는 가정법 미래를 사용한다.

> If   S + <u>were to/should</u>   RV ~,   S + would / could / may/might + 동사원형
> 해석: 만에 하나, 혹시라도

CODE 8-7   if 없는 가정법

but for, without: ~이 없다면/없었더라면
① **But for / Without** + N ~, S would/should/could/might + RV (= If it were not for ~)
② **But for / Without** + N ~, S would/should/could/might + have p.p. (= If it had not been for ~)

It is (high) time that S 과거V: ~할 시간이다
It is (high) time that S 과거V = It is (high) time that S should RV = It is (high) time for N to RV

I wish 가정법: ~한다면/했더라면 좋(았)을 텐데	
I wish [I wish 가정법 과거] S′ + 과거V/were S′ + 조동사 과거형 + RV 해석: ~한다면 좋(았)을 텐데	**I wish** [I wish 가정법 과거완료] S′ + had p.p. S′ + 조동사 과거형 + have p.p. 해석: ~했더라면 좋(았)을 텐데

as if 가정법: 마치 ~한/했던 것처럼	
S V ~ **as if** [as if 가정법 과거] S′ + 과거V/were S′ + 조동사 과거형 + RV 해석: 마치 ~한 것처럼	S V ~ **as if** [as if 가정법 과거완료] S′ + had p.p. S′ + 조동사 과거형 + have p.p. 해석: 마치 ~했던 것처럼

출제 CODE 08 가정법

CODE 8-1 직설법
회독 ● ● ●

EXERCISE와 문제편에서 다시 볼 예문들을 찾아 기록하고, 틈틈이 복습해 보세요.

♥최빈출
CODE 8-2 가정법 과거(= 현재 사실과 반대)
회독 ● ● ●

EXERCISE와 문제편에서 다시 볼 예문들을 찾아 기록하고, 틈틈이 복습해 보세요.

CODE 8-3 가정법 과거완료(= 과거 사실과 반대)

♥최빈출

EXERCISE와 문제편에서 다시 볼 예문들을 찾아 기록하고, 틈틈이 복습해 보세요.

CODE 8-4 혼합가정법

♥최빈출

EXERCISE와 문제편에서 다시 볼 예문들을 찾아 기록하고, 틈틈이 복습해 보세요.

출제 CODE 08 가정법

CODE 8-5 가정법 도치

EXERCISE와 문제편에서 다시 볼 예문들을 찾아 기록하고, 틈틈이 복습해 보세요.

CODE 8-6 가정법 미래

EXERCISE와 문제편에서 다시 볼 예문들을 찾아 기록하고, 틈틈이 복습해 보세요.

CODE 8-7 if 없는 가정법

EXERCISE와 문제편에서 다시 볼 예문들을 찾아 기록하고, 틈틈이 복습해 보세요.

동사의 꼬리

CHAPTER 01 | 동사편

CODE 9-1　S + V

아래 자동사들은 전치사와 함께 쓰일 때 타동사처럼 목적어를 취할 수 있다. 즉, 목적어를 취하기 위해서는 반드시 전치사가 필요하다. [CODE 9-3] 전치사를 동반하지 않는 타동사]와 구별하여 기억해 둔다.

[자동사 + 전치사]	의미	[자동사 + 전치사]	의미
account for	~을 설명하다	dispose of	~을 처분하다
deal with	~을 다루다	object to	~에 반대하다
interfere with/in	~에 간섭하다, 개입하다	comply with	~에 순응하다
depend/count/rely/rest on	~에 의지하다	conform to	~에 순응하다
refrain from	~을 삼가다	reply/react/respond to	~에 응답/반응하다
arrive at	~에 도착하다	*refer to	~에 대해 언급하다
graduate from	~을 졸업하다	*look/stare at	~을 보다

CODE 9-2　S+V+S.C.

아래 동사는 주어를 보충 설명하는 주격보어를 동반한다. 주격보어 자리에서 **'형용사 vs. 부사'**를 구분하는 문제가 주로 출제된다. (⇨ CODE 18-1)

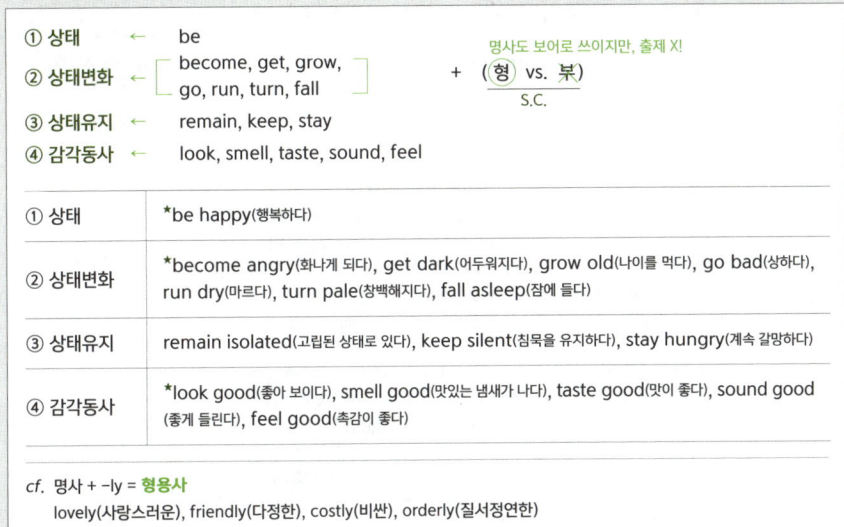

① 상태	*be happy(행복하다)
② 상태변화	*become angry(화나게 되다), get dark(어두워지다), grow old(나이를 먹다), go bad(상하다), run dry(마르다), turn pale(창백해지다), fall asleep(잠에 들다)
③ 상태유지	remain isolated(고립된 상태로 있다), keep silent(침묵을 유지하다), stay hungry(계속 갈망하다)
④ 감각동사	*look good(좋아 보이다), smell good(맛있는 냄새가 나다), taste good(맛이 좋다), sound good(좋게 들린다), feel good(촉감이 좋다)

cf. 명사 + -ly = **형용사**
　　lovely(사랑스러운), friendly(다정한), costly(비싼), orderly(질서정연한)

CODE 9-3 S+V+O

뒤에 **전치사를 동반하지 않고** 바로 목적어를 취하는 **3형식 타동사**를 기억하라!

전치사를 동반하지 않는 주요 3형식 동사		
대표 예시		주의할 전치사
discuss the topic 그 주제에 대해 논의하다 = talk about the topic	Don't mention it. 천만에요.	about (X)
answer me 내 물음에 답변하다 access the Internet 인터넷에 접속하다 approach me 나에게 접근하다 = come to me *reach the station 역에 도달하다 = arrive at the station	thank you 감사합니다 influence the country 국가에 영향을 끼치다 oppose the plan 계획에 반대하다 = object to the plan obey the law 법을 준수하다 = abide by/comply with the law	to (X)
enter the room 방에 들어가다 survive the car accident 차 사고에서 살아남다	attend the meeting 회의에 참석하다 inhabit the island 섬에 거주하다 = live in the island	in (X)
*marry me 나와 결혼하다 = be/get married to me *resemble my dad 아빠를 닮다 = look like my dad	accompany him 그와 동행하다 = go with him	with (X)
await her = wait for her 그녀를 기다리다		for (X)

cf. 4형식 불가동사
: *explain, *introduce, *say, *suggest, *announce, *mention, propose, describe
I will explain you how to do this. (X)
I will explain **to** you how to do this. (O)

CODE 9-4 S+V+O+O.C.

목적격보어를 취하는 동사의 용법을 구별하여 기억하라. **동사**에 따라 어떤 목적격보어가 나오는지가 다르고, '**능동 vs. 수동**' 여부에 따라서도 달라지기 때문에 각별한 주의가 필요하다.

목적격보어의 형태를 좌우하는 기준

① 동사 종류   ② 목적어-목적격보어의 관계(능동 vs. 수동)

S   *V   O   O.C.
                RV
                to RV   능동 ↑
                RVing
                p.p.   수동 ↓

① V가 사역동사일 때: (능) RV, (수) p.p.

O가 O.C.의 **주체**: *RV + 명사

S   사역V   O   O.C.
   make, have, let

O가 O.C.의 **대상**: *p.p.(+전명구) (단, let은 be p.p.)

② V가 지각동사일 때: (능) RV/RVing, (수) p.p.

O가 O.C.의 **주체**: *RV/RVing + 명사

S   지각V   O   O.C.
   see, watch, hear,
   feel, listen to

O가 O.C.의 **대상**: *p.p.(+전명구)

③ V가 준사역동사일 때: help/get 경우별로 정리!

S   help   O   *(to) RV
              주로 **능동**만 출제됨!

O가 O.C.의 **주체**: *to RV/*RVing + 명사

S   get   O   O.C.

O가 O.C.의 **대상**: *(to be) p.p.(+전명구)

④ V가 하여금동사일 때: to RV

S   하여금V   O   *to RV

해석: ~로 하여금 …하게 하다

빈출 하여금동사: *ask(요청하다), require(요구하다), advise(충고하다), *allow(허락하다), permit(허락하다), *cause(야기하다), *enable(가능하게하다), *encourage(격려하다), *expect(기대하다), persuade(설득하다), force(강요하다), compel(강요하다), urge(충고하다), order(명령하다), tell(명령하다), *want(원하다), wish(희망하다)

CODE 9-5 절대타동사 구문

전치사와 짝을 이루어 쓰이는 절대타동사 구문을 기억하라!

금지V + A + from + B
*keep(막다) stop(막다) *prevent(방지하다) deter(단념시키다)   +   A   +   from   +   B *prohibit(금지하다) discourage(막다) block(막다)

The bad weather prevented me from going fishing. 11 국회직 9급
나쁜 날씨가 나로 하여금 낚시를 가지 못하게 했다(날씨가 나빠서 나는 낚시를 가지 못했다).

The school will start a program designed to deter kids from watching TV too much. 15 사복직 9급
학교는 어린이들의 과도한 TV 시청을 막기 위해 고안된 프로그램을 시작할 것이다.

출제 CODE 09 동사의 꼬리

CODE 9-1　S + V

EXERCISE와 문제편에서 다시 볼 예문들을 찾아 기록하고, 틈틈이 복습해 보세요.

CODE 9-2　S + V + S.C.

EXERCISE와 문제편에서 다시 볼 예문들을 찾아 기록하고, 틈틈이 복습해 보세요.

CODE 9-3 S+V+O

EXERCISE와 문제편에서 다시 볼 예문들을 찾아 기록하고, 틈틈이 복습해 보세요.

○ ○
○ ○
○ ○
○ ○
○ ○
○ ○
○ ○
○ ○
○ ○
○ ○
○ ○
○ ○

♥ 최빈출

CODE 9-4 S+V+O+O.C.

EXERCISE와 문제편에서 다시 볼 예문들을 찾아 기록하고, 틈틈이 복습해 보세요.

○ ○
○ ○
○ ○
○ ○
○ ○
○ ○
○ ○
○ ○
○ ○
○ ○
○ ○
○ ○

출제 CODE 09 동사의 꼬리

CODE 9-5 절대타동사 구문 ♥최빈출

회독 ●●●

EXERCISE와 문제편에서 다시 볼 예문들을 찾아 기록하고, 틈틈이 복습해 보세요.

MEMO >>

Chapter 02
준동사편

신경향 인혁처 출제코드(문법편)

출제 CODE 10	부정사·동명사 I
출제 CODE 11	부정사·동명사 II
출제 CODE 12	분사

부정사·동명사 Ⅰ

CHAPTER 02 | 준동사편

CODE 10-1 | 부정사와 동명사의 기본적인 역할

부정사(to RV): 명사, 형용사, 부사	동명사(RVing): 명사
① 명사: 문장의 *주어, 목적어, 보어 역할 To make cookies is not difficult. = It is not difficult to make cookies. 쿠키를 만드는 것은 어렵지 않다. I want to make cookies. 나는 쿠키 만드는 것을 원한다. All you have to do is (to) make cookies. 당신은 쿠키만 만들면 된다. ② 형용사: 명사 뒤에서 명사 수식 There's an easy way to make cookies. 쿠키를 만드는 쉬운 방법이 있다. ③ 부사: 목적, 이유, 결과 등을 나타냄 She bought bread flour to make cookies. 그녀는 쿠키를 만들기 위해 빵가루를 샀다. I'm happy to make cookies for you. 나는 너를 위해 쿠키를 만들어서 행복해.	① 문장의 *주어, 목적어, 보어 역할 Expressing yourself is important. 네 자신을 표현하는 것은 중요하다. My son recently began expressing himself. 내 아들은 최근에 자기 표현을 하기 시작했다. His strength is expressing his opinions freely. 그의 장점은 자신의 의견을 자유롭게 표현하는 것이다. ② *전치사의 목적어 역할(≠ 부정사) Feel the power of expressing yourself. (≠ of to express) 자기 표현의 힘을 느껴봐라. You can't create art without expressing yourself. (≠ without to express) 자기 표현을 하지 않고서는 예술을 창조할 수 없다.

CODE 10-2 부정사·동명사의 의미상 주어와 목적어

부정사와 동명사는 동사에서 기인한 준동사이므로, 동사와 마찬가지로 자기만의 주어와 목적어를 가질 수 있다. 또한, 부정사와 동명사의 부정은 앞에 not을 붙여 나타낸다.

부정사의 의미상 주어: *for+목적격	동명사의 의미상 주어: 소유격(목적격)
In order **for us to win** the prize, we should do our best. 우리가 상을 타기 위해서는 최선을 다해야 한다.	We were proud of **his[him] winning** the prize. 우리는 그가 상을 탄 것이 자랑스러웠다.
부정사의 의미상 목적어	**동명사의 의미상 목적어: *명사와 구별!**
He is the last person **to deceive you**. 그는 너를 결코 속이지 않을 사람이다. (to deceive의 의미상 목적어 = you)	Music is a form of **expressing yourself**. (≠ of expression yourself) 음악은 자기를 표현하는 한 형태이다. cf. Music is a form of **expression of yourself**. (명사는 전치사라는 매개가 있어야 목적어를 취함)
부정사·동명사의 부정: 앞에 부정어(*어순 주의)	
Take care **not to use** too many colors into a room. 한 방에 너무 많은 색을 쓰지 않도록 주의하라. Try **not using** that word again. 그 단어를 다시 사용하지 말아보렴.	

CODE 10-3 부정사·동명사의 태와 시제

준동사인 부정사·동명사는 동사와 마찬가지로 태와 시제를 표현할 수 있다. 태의 경우 준동사의 의미상 주어가 행위의 주체인지 객체인지를 판단해야 한다. 시제의 경우, 본동사를 기준으로 준동사와 본동사의 시제가 같은지(= 단순시제), 혹은 준동사의 시제가 본동사의 시제보다 더 빠른지(= 완료시제)를 검토하라!

부정사·동명사의 태와 시제 변화
판단 기준: 의미상 주어(⇨ CODE 4-1)

구분		능동태	수동태
판단 기준: 본동사	단순시제 본동사와 같음	to RV RVing	to be p.p. being p.p.
	완료시제 본동사보다 빠름	to have p.p. having p.p.	to have been p.p. having been p.p.

He **seems to make** mistakes.
그는 실수를 하는 것 같다.
He **seems to have made** mistakes once.
그는 한때 실수를 했던 것 같다.
A mistake **seems to be made** here.
실수가 여기서 나는 것 같다.
A mistake **seems to have been made** here once.
실수가 한때 여기서 났던 것 같다.

I **am** guilty of **telling** lies.
나는 거짓말을 하는 데 죄책감이 든다.
I **am** guilty of **having told** such a lie.
나는 그런 거짓말을 했던 데 죄책감이 든다.
We **are** often made happy by **being told** a lie.
가끔 우리는 거짓말을 들음으로써 행복해진다.
We often **know** things without **having been told**.
가끔 우리는 듣지 않았어도 상황을 안다.

MEMO >>

출제 CODE 10 부정사·동명사 I

CODE 10-1 부정사와 동명사의 기본적인 역할

EXERCISE와 문제편에서 다시 볼 예문들을 찾아 기록하고, 틈틈이 복습해 보세요.

CODE 10-2 부정사·동명사의 의미상 주어와 목적어

EXERCISE와 문제편에서 다시 볼 예문들을 찾아 기록하고, 틈틈이 복습해 보세요.

♥최빈출
CODE 10-3 부정사·동명사의 태와 시제

EXERCISE와 문제편에서 다시 볼 예문들을 찾아 기록하고, 틈틈이 복습해 보세요.

부정사·동명사 II

CHAPTER 02 | 준동사편

♥최빈출
CODE 11-1 　타동사 + to RV/RVing

★타V + (to RV / RVing)
동사에 따라 목적어 결정!

부정사만 목적어로 취하는 동사 (= 미래의 일)		동명사만 목적어로 취하는 동사 (= '더 과거' 또는 평상시의 일)	
wish(소망하다)	hope(희망하다)	enjoy(즐기다)	mind(꺼리다)
want(원하다)	decide(결정하다)	finish(끝내다)	quit(그만두다)
plan(계획하다)	promise(약속하다)	stop(그만두다)	postpone(연기하다)
agree(동의하다)	expect(기대하다)	delay(미루다)	put off(연기하다)
need(필요하다)	refuse(거절하다)	give up(포기하다)	admit(인정하다)
intend(의도하다)	afford(여력이 되다)	consider(고려하다)	avoid(피하다)
fail(~하지 못하다)		suggest(제안하다)	keep(계속 ~하다)
		deny(부인하다)	

cf. help는 (to) RV를 목적어로 취한다.

부정사와 동명사를 모두 목적어로 취하는 동사(의미 차이 유의)	
★remember to RV(~할 것을 기억하다)	★remember RVing(~했던 것을 기억하다)
★forget to RV(~할 것을 잊다)	★forget RVing(~했던 것을 잊다)
★regret to RV(~하게 되어 유감이다)	★regret RVing(~했던 것을 후회하다)
★stop to RV(~하려고 멈추다, 멈춰서 ~하다) 　부사적 용법(목적)	★stop RVing(~하기를 멈추다)
try to RV(~하려고 노력하다)	try RVing(~하기를 시도하다)

CODE 11-2 가주어-진주어 구문

부정사구가 주어로 쓰일 때 **가주어 it**을 문두에 쓰고 진주어를 문미로 보내는 경우가 흔하며, 이를 **가주어 구문**이라고 한다. 특히 부정사의 의미상 주어를 연관지어 기억해 둔다.

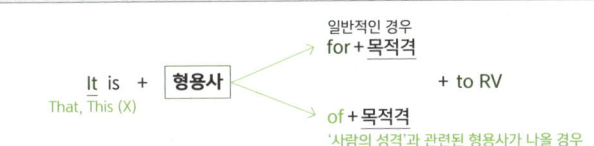

*사람 성격 관련 주요 형용사: kind(친절한), nice(착한), generous(관대한), polite(예의 바른), careless(부주의한), considerate(사려 깊은), thoughtful(사려 깊은), foolish(어리석은), stupid(어리석은)

부정사구뿐만 아니라, 명사절 또한 가주어를 취할 수 있다.
That she is rich is certain.
→ It is certain that she is rich.
그녀가 부자라는 것은 확실하다.

• it is ~ that 강조구문은 it is와 that을 생략해도 완전한 문장이 된다는 점에서 가주어 구문과 구별된다.
  It was because of the heavy rain that the game was cancelled.
  = Because of the heavy rain the game was cancelled.
  폭우 때문에 경기가 취소되었다.

CODE 11-3 5형식 가목적어 구문
♥최빈출

부정사와 **동명사**는 이론상 둘 다 목적어 역할을 할 수 있지만, 목적격보어가 나오는 5형식 문장에서는 **부정사가 목적어 자리에 나올 수 없다**. 이 경우 부정사 목적어는 목적격보어 뒤에 위치하고 **대명사 it**이 목적어를 대신하는데, 이를 **가목적어** 구문이라고 한다. 가목적어 구문에 자주 등장하는 동사들을 기억해 두자!

가목적어 구문 주요 동사: make(만들다), find(여기다), believe(믿다), think(생각하다), consider(간주하다)

*make, *find, believe   +   it   +   목적격보어   +   to RV ~
think, consider   (it 꼭 챙길 것!)   that S' V' ~

CODE 11-4 부정사 관용표현

too ~ to RV 구문과 enough to RV 구문을 숙지하라!

(≠ so) — too 형/부 to RV (너무 ~해서 …할 수 없다) vs. 형/부 enough to RV (~할 만큼 충분히 …하다)

CODE 11-5 동명사 관용표현

빈출되는 동명사 관용표현은 필히 암기해 둔다. 특히 전치사 to가 포함되어 부정사와 구별하기 좋은 항목들에 유의하여 기억해 두자.

빈출 관용표현	뜻	빈출 관용표현	뜻
★look forward to ~ing	~하기를 고대하다	★be/get used to ~ing = be/get accustomed to ~ing	~하는 데 익숙하다
★have difficulty/trouble/problem (in) ~ing	~하는 데 어려움이 있다	★cannot help ~ing = cannot (help) but RV = have no choice but to RV	~할 수밖에 없다
it is no use ~ing	~해 봐야 소용없다	★spend/waste 시간/돈 (in) ~ing	~하는 데 …을 쓰다
be worth ~ing	~할 가치가 있다	when it comes to ~ing	~에 관하여
object to ~ing = be opposed to ~ing	~하는 데 반대하다	★on[upon] ~ing	~하자마자
★be devoted/committed/dedicated to ~ing	~에 전념하다, 헌신하다	What do you say to ~ing?	~하는 게 어때?
be busy ~ing	~하느라 바쁘다	end up ~ing	결국 ~하게 되다

CODE 11-6 난이형용사 구문

easy, convenient, hard, difficult, tough, possible, impossible 등 난이형용사(어려움 또는 쉬움을 묘사하는 말)는 사람을 주어로 쓰지 못하며, 가주어-진주어 구문으로 쓰는 것이 일반적이다. 이때 진주어인 to부정사의 목적어가 가주어 it을 대신하여 문장 전체의 주어로 상승하는 경우가 생기기도 한다. 이 경우 to부정사구는 목적어가 없는 상태로 남겨지게 된다. 즉, 문장의 주어가 부정사의 목적어로 반복되어서는 안 된다는 점을 기억하라!

주요 난이형용사: *easy(쉬운), *convenient(편한), *hard(어려운), difficult(어려운), tough(어려운), possible(가능한), impossible(불가능한)

It is/was + 난이형용사 + (for+명) + to RV + O′

= O′ + be + 난이형용사 + (for+명) + to RV
  새로운 S

ex. It is difficult for Americans to learn Korean.
　　Korean is difficult for Americans to learn it. (문장의 주어가 부정사의 목적어로 반복되어서는 안 됨.)
　　Americans are difficult to learn Koreans. (난이형용사는 일반적으로 사람을 주어로 취하지 않음.)

출제 CODE 11   부정사·동명사 II

♥최빈출

CODE 11-1   타동사 + to RV/RVing

EXERCISE와 문제편에서 다시 볼 예문들을 찾아 기록하고, 틈틈이 복습해 보세요.

CODE 11-2   가주어-진주어 구문

EXERCISE와 문제편에서 다시 볼 예문들을 찾아 기록하고, 틈틈이 복습해 보세요.

CODE 11-3 5형식 가목적어 구문

EXERCISE와 문제편에서 다시 볼 예문들을 찾아 기록하고, 틈틈이 복습해 보세요.

CODE 11-4 부정사 관용표현

EXERCISE와 문제편에서 다시 볼 예문들을 찾아 기록하고, 틈틈이 복습해 보세요.

출제 CODE 11 부정사·동명사 II

♥최빈출

CODE 11-5 동명사 관용표현   회독 ● ● ●

EXERCISE와 문제편에서 다시 볼 예문들을 찾아 기록하고, 틈틈이 복습해 보세요.

CODE 11-6 난이형용사 구문   회독 ● ● ●

EXERCISE와 문제편에서 다시 볼 예문들을 찾아 기록하고, 틈틈이 복습해 보세요.

MEMO >>

출제 CODE 12 | 분사

CHAPTER 02 | 준동사편

♥최빈출
CODE 12-1 | 분사의 태와 시제

분사가 명사를 수식하는 경우에는 **수식받는 명사**가 분사의 의미상 주어이므로, 이 명사가 분사의 행위 주체면 **현재분사**를, 행위 대상이면 **과거분사**를 사용한다. 분사구문의 경우에는 **문장의 주어가 분사의 의미상 주어**와 같아야 한다.

분사 풀이법

① 분사의 의미상 주어가 행위자: **~ing**
   분사의 의미상 주어가 대상: **p.p.**
② **자동사**는 무조건 능동 (⇨ CODE 5-1)

출제 유형 ① 전치/후치 수식: 수식받는 N가 의미상 주어

(~ing / p.p.) ★N(의미상S)   ★N(의미상S) (~ing + 명사 / p.p.(+전명구))

ex. a singing **bird**
    노래 부르는 새
    a lost **dog**
    잃어버린 개

ex. a **bird** singing a beautiful song
    아름다운 노래를 부르는 새
    a **dog** lost in the market
    시장에서 잃어버린 개

출제 유형 ② 분사구문: 문장의 주어가 의미상 주어

(~ing + 명사 / p.p.(+전명구)) ~, ★S V ~.   ★S(의미상S), (~ing + 명사 / p.p.(+전명구)) , V ~.   ★S V ~, (~ing + 명사 / p.p.(+전명구)) ~.

출제 유형 ③ 시제   판단 기준: 의미상 주어(⇨ CODE 4-1)

구분		능동태	수동태
판단 기준: 본동사	단순시제 — 본동사와 같음	~ing	p.p.
	완료시제 — 본동사보다 빠름	having p.p.	having been p.p.

CODE 12-2 with 분사구문

동시동작을 나타내는 'with+명사+분사' 구문에서 분사의 의미상 주어는 분사 앞에 나오는 명사이다. 이 명사가 분사의 행위 주체면 현재분사를, 행위 대상이면 과거분사를 사용하라!

with 분사구문: 분사 앞의 명사가 의미상 주어

(with ★N[의미상S] ~ing+명사 / p.p.(+전명구)) ~, S V ~.
해석: ~한 채로
문미로 이동 가능

CODE 12-3 독립분사구문

분사구문의 주어가 문장의 주어와 다른 독립분사구문에서는 분사 앞의 명사가 의미상 주어이다. 이 명사가 분사의 행위 주체면 현재분사를, 행위 대상이면 과거분사를 사용하라!

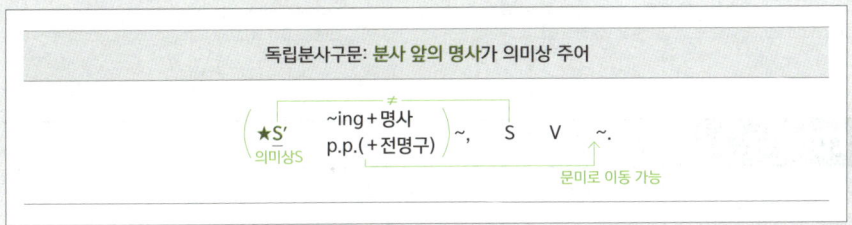

독립분사구문: 분사 앞의 명사가 의미상 주어

(★S'[의미상] ~ing+명사 / p.p.(+전명구)) ~, S V ~.
문미로 이동 가능

출제 CODE 12 분사

CODE 12-1 분사의 태와 시제

EXERCISE와 문제편에서 다시 볼 예문들을 찾아 기록하고, 틈틈이 복습해 보세요.

CODE 12-2 with 분사구문

EXERCISE와 문제편에서 다시 볼 예문들을 찾아 기록하고, 틈틈이 복습해 보세요.

CODE 12-3 독립분사구문

회독

EXERCISE와 문제편에서 다시 볼 예문들을 찾아 기록하고, 틈틈이 복습해 보세요.

Chapter 03
절문법편

신경향 인혁처 출제코드(문법편)

출제 CODE 13   관계사절 I

출제 CODE 14   관계사절 II

출제 CODE 15   명사절

출제 CODE 16   복합관계사

관계사절 Ⅰ

CHAPTER 03 | 절문법편

최빈출
CODE 13-1 관계대명사 vs. 관계부사

회독 ● ● ●

관계대명사는 '**접속사＋대명사**', 관계부사는 '**접속사＋부사**'의 역할을 하므로, 관계대명사와 관계부사를 구별하는 것은 결국 '**대명사 vs. 부사**'를 구별하는 것이다. 따라서, 관계대명사 뒤에는 (대)명사가 빠져있는 **불완전한 문장**이 나오고, 관계부사 뒤에는 **완전한 문장**이 나온다!

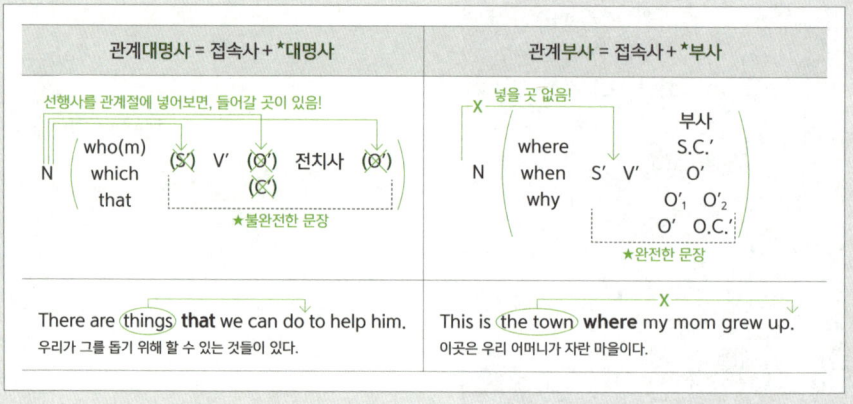

CODE 13-2 선행사 구별법

회독 ● ● ●

선행사는 관계사 앞에서 관계절의 수식을 받는 명사 또는 어구이다. 관계사 앞에 명사가 여러 개 있을 때 **어느 명사가 선행사인지**를 잘 구별하도록 한다. 또한, 주격 관계대명사절의 경우에 관계절 동사의 수는 **선행사에 일치시켜라!**

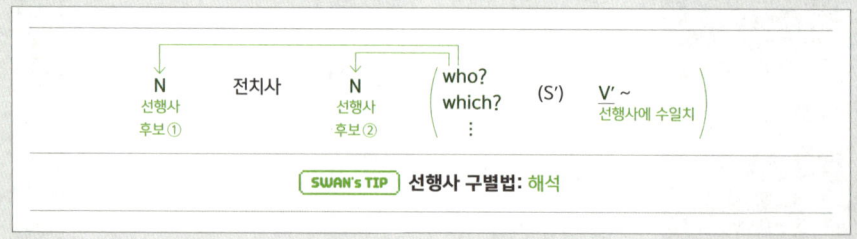

CODE 13-3 관계대명사의 격

관계대명사는 **주격, 소유격, 목적격**을 서로 구별하여 사용해야 한다. 관계대명사의 격은 **관계사 뒤**를 보아 판단한다.

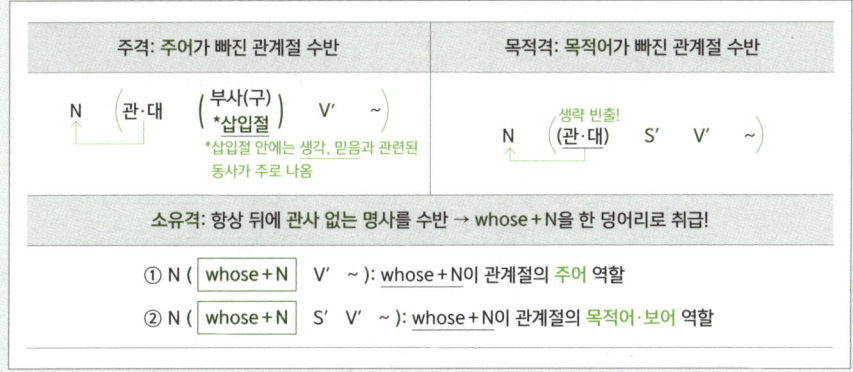

CODE 13-4 전치사 + 관계대명사 ♥최빈출

'**전치사 + 관계대명사**'는 관계부사와 마찬가지로 **완전한 절**을 이끈다. 해석할 때 관계대명사 자리에 선행사를 넣으면 의미 파악이 쉽다.

This is the town where I used to live. 이곳은 내가 살곤 했던 마을이다.
= This is the town which I used to live in.
= This is the town in which I used to live.

CODE 13-5 대명사 vs. 관계대명사

대명사와 관계대명사는 접속사 유무 여부에 따라 구별된다. 대명사는 문장 접속 기능이 없이 단순히 앞에 나온 명사를 대신하지만, 관계대명사는 선행사를 받는 한편 그 자체가 접속사의 일종이기 때문에 다른 접속사 없이도 앞뒤 절을 연결할 수 있다.

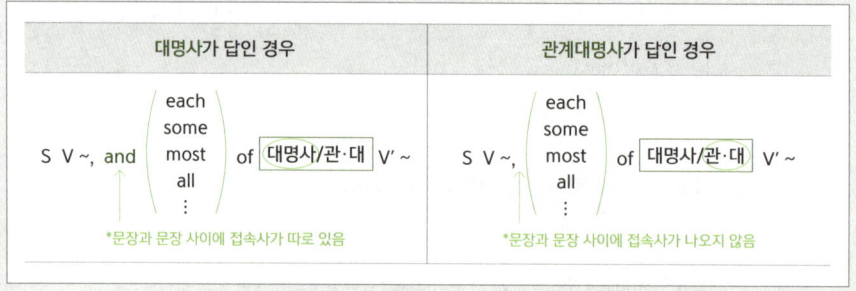

MEMO >>

출제 CODE 13 관계사절 I

♥최빈출
CODE 13-1 관계대명사 vs. 관계부사

EXERCISE와 문제편에서 다시 볼 예문들을 찾아 기록하고, 틈틈이 복습해 보세요.

CODE 13-2 선행사 구별법

EXERCISE와 문제편에서 다시 볼 예문들을 찾아 기록하고, 틈틈이 복습해 보세요.

CODE 13-3 관계대명사의 격

EXERCISE와 문제편에서 다시 볼 예문들을 찾아 기록하고, 틈틈이 복습해 보세요.

CODE 13-4 전치사 + 관계대명사

♥ 최빈출

EXERCISE와 문제편에서 다시 볼 예문들을 찾아 기록하고, 틈틈이 복습해 보세요.

출제 CODE 13 관계사절 I

CODE 13-5 대명사 vs. 관계대명사

EXERCISE와 문제편에서 다시 볼 예문들을 찾아 기록하고, 틈틈이 복습해 보세요.

MEMO >>

관계사절 II

CHAPTER 03 | 절문법편

♥최빈출
CODE 14-1 관계대명사 that vs. what

관계대명사 that은 사람 또는 사물 선행사 뒤에서 불완전한 절을 이끈다. 반면 관계대명사 what은 선행사를 포함하는 관계대명사로서 앞에 명사가 나오지 않고, 뒤에 불완전한 절을 수반한다는 점을 기억하라!

관계대명사 that	관계대명사 what
N (선행사 있음) + that (S') V' ~ (불완전한 문장)	N (선행사 없음) + what (S') V' ~ (불완전한 문장)
I like **the things** that she likes. 나는 그녀가 좋아하는 것들이 좋다.	I like what she likes. *(what = the things that)* 나는 그녀가 좋아하는 것들이 좋다.

CODE 14-2 that vs. which (1)

관계대명사 which는 전치사와 함께 나와 관계부사처럼 쓰이거나, 콤마 뒤에 나와 계속적 용법으로 쓰일 수 있지만, 관계대명사 that은 전치사 또는 콤마 뒤에 나올 수 없다. 단, in that은 관계대명사와 무관하게 부사절 접속사로 '~라는 점에서'라는 의미를 나타내므로 기억해 둔다.

관계대명사 that	관계대명사 which
N 전치사✗ , that (S') V' ~ (불완전한 문장)	N 전치사 , which (S') V' ~ (완전한 문장 / 불완전한 문장)

cf. S V in that S' V': S'가 V'한다는 점에서 S가 V한다
Men differ from monkeys in that they can speak.
인간은 말을 할 수 있다는 점에서 원숭이와 다르다.

• 유의: 동격 설명이 있는 경우에는 콤마 뒤에 that을 사용할 수 있다.
An Albatross, a large white sea bird, that lives near the sea, is found especially in the areas of the Pacific oceans. 알바트로스라고 하는 바닷가 근처에 서식하는 크고 하얀 바다새는 특히 태평양 연안에서 발견된다.

CODE 14-3 that vs. which (2)

that은 **특정 추상명사** 뒤에서 **완전한 절을 이끄는 동격의 접속사**로 쓰일 수 있다. 이때 that은 관계대명사가 아닌 명사절 접속사이며, **which로 대체될 수 없다.**

> 주요 추상명사: *the fact(사실), *the idea(관념), the belief(믿음), the notion(개념), the rumor(소문), the news(소식), the evidence(증거), the proof(증거)
>
> ___N___ (that S' V' ~) : '~라는 N'
>   완전한 문장

출제 CODE 14 관계사절 II

♥최빈출

CODE 14-1 관계대명사 that vs. what

EXERCISE와 문제편에서 다시 볼 예문들을 찾아 기록하고, 틈틈이 복습해 보세요.

CODE 14-2 that vs. which (1)

EXERCISE와 문제편에서 다시 볼 예문들을 찾아 기록하고, 틈틈이 복습해 보세요.

CODE 14-3 that vs. which (2)

EXERCISE와 문제편에서 다시 볼 예문들을 찾아 기록하고, 틈틈이 복습해 보세요.

명사절

CHAPTER 03 | 절문법편

CODE 15-1 명사절 접속사 that vs. what ♡최빈출

명사절 접속사 that과 관계대명사 what은 문장에서 주어, 목적어, 보어 역할을 하는 명사절을 이끈다. 이때 접속사 that 뒤에는 완전한 문장, 관계대명사 what 뒤에는 불완전한 문장이 나온다는 것을 명심하라!

- 관용적 구문
  A is to B what C is to D: A와 B의 관계는 C와 D의 관계와 같다
  Reading is to the mind what exercise is to the body. 22 지방직 9급
  독서와 정신의 관계는 운동과 신체의 관계와 같다.

CODE 15-2 whether/if

whether는 **명사절 접속사(~인지 아닌지)** 또는 **부사절 접속사(A이든 B이든, ~이든 아니든 간에)**로 쓰인다. 특히 명사절 접속사 whether는 if와 구별해서 살펴봐야 한다. **whether**가 이끄는 명사절은 문장의 주어, 목적어, 보어, 전치사의 목적어로 자유롭게 쓰이고, **or not**과 함께 쓰이며, **whether to RV**(~할지 말지)로 축약될 수 있는 반면, **if**가 이끄는 명사절은 원칙적으로 **동사의 목적어** 역할로만 쓰이고, or not과 결합할 수 없으며, if to RV 형태로 축약될 수 없다는 점을 기억하라!

출제 유형 ①			whether vs. if
위치	whether	if	예시
주어	O	X	**Whether** he will accept it depends on the situation. 그가 그것을 받아들일지 말지는 상황에 따라 다르다.
+ or not	O	X	Can you tell me **whether or not** you'll be attending the party? 네가 파티에 참석할지 말지 말해줄래?
+ ~ or not	O	O	Can you tell me **whether(= if)** you'll be attending the party **or not**? 네가 파티에 참석할지 말지 말해줄래?
+ to RV	O	X	I don't know **whether to** accept or refuse his proposal. 난 그의 제안을 받아들여야 할지 말지 모르겠어.
전치사의 목적어	O	X	I'm not interested in **whether** you attend the party. 난 네가 파티에 오든 안 오든 관심 없어.

whether/if(~인지 아닌지) 뒤에는 **불확실한** 내용이 나오는 반면, that(~ 것)은 뒤에 **확실한** 내용이 나온다.

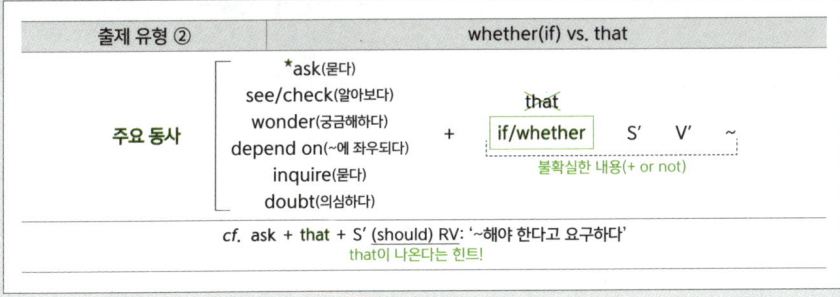

출제 유형 ②	whether(if) vs. that
주요 동사	*ask(묻다) see/check(알아보다) wonder(궁금해하다) depend on(~에 좌우되다) inquire(묻다) doubt(의심하다) + that **if/whether** S' V' ~ 불확실한 내용(+ or not)
	cf. ask + that + S' (should) RV: '~해야 한다고 요구하다' that이 나온다는 힌트!

CODE 15-3 의문사가 이끄는 명사절(= 간접의문문)

의문사는 문장 안에서 주어, 목적어, 보어 역할을 하는 명사절을 이끌 수 있으며, 이때의 명사절을 간접의문문이라고 부른다. 각 의문사별 의미와 구조를 완벽하게 정리하고, 간접의문문의 어순(의문사＋주어＋동사) 또한 유념해서 기억해 둔다. 의문사 뒤에 이어지는 절이 완전한지 불완전한지를 묻기보다는 주로 어순을 묻는다는 점을 기억하라!

구분	종류	구조/의미
의문사	의문대명사	뒤에 불완전한 문장 : who(누구), what(무엇), which(어느 것)
	의문형용사(+N)	바로 뒤에 반드시 명사가 나옴 : what(어떤), which(어느) 　　　　　what보다 제한적인 맥락(선택 상황)에서 쓰임
	의문부사	뒤에 완전한 문장 : where(어디로), when(언제), why(왜), how(어떻게)

I know who you are. 나는 네가 누군지 안다.
I know who loves me. 나는 누가 나를 사랑하는지 안다.
I don't know what time it is. 나는 지금 몇 시인지 모른다.
I don't know where you are. 나는 네가 어디에 있는지 모른다.

MEMO >>

출제 CODE 15 명사절

CODE 15-1 명사절 접속사 that vs. what

EXERCISE와 문제편에서 다시 볼 예문들을 찾아 기록하고, 틈틈이 복습해 보세요.

CODE 15-2 whether/if

EXERCISE와 문제편에서 다시 볼 예문들을 찾아 기록하고, 틈틈이 복습해 보세요.

CODE 15-3 의문사가 이끄는 명사절(= 간접의문문)

EXERCISE와 문제편에서 다시 볼 예문들을 찾아 기록하고, 틈틈이 복습해 보세요.

복합관계사

CHAPTER 03 | 절문법편

Intro	
관계사	복합관계사 = 관계사 + *ever
who, whose, whom, which, what, when, where, how	whoever, whosever, whomever, whichever, whatever, whenever, wherever, however
명사 뒤에 나와서 **형용사절 역할**을 함 cf. how(the way와 함께 쓰지 않고, 둘 중 하나 반드시 생략)	문장에서 **명사절 또는 부사절 역할** (앞에 선행사 X → 명사 뒤에서 형용사절 역할 X!)

♥최빈출

CODE 16-1 | 복합관계대명사

복합관계대명사는 관계대명사(who, whose, whom, which, what)에 ever를 붙인 형태로서 **명사절** 또는 **부사절**을 이끈다. 단, thatever는 쓰지 않는다. 복합관계대명사 뒤에는 관계대명사와 마찬가지로 **불완전한 문장**이 나온다!

[복합관계대명사 + 불완전한 문장]: 명사절 or 부사절

whoever(~하는 누구든, 누가 ~하든)
whosever(~하는 누구의 것이든, 누구의 것이 ~하든)
whomever(~하는 누구든, 누구를 ~하든)   + (S') V' (O')/(C')
whichever(~하는 어느 것이든, 어느 것이 ~하든)
whatever(~하는 무엇이든, 무엇이 ~하든)

Whoever called just now was very polite. 누구든 방금 전화한 사람은 대단히 정중했다.
= Anyone who called just now was very polite.
Whoever called, he was not answering the phone. 누가 전화하든, 그는 전화를 안 받고 있었다.
= No matter who called, he was not answering the phone.

CODE 16-2 복합관계형용사

복합관계형용사는 관계형용사(what, which)에 ever를 붙인 형태로서 **명사절** 또는 **부사절**을 이끈다. 복합관계형용사 바로 뒤에는 **꾸밈을 받는 명사**가 반드시 나오고, 이후에 **불완전한 문장**이 이어진다!

[복합관계형용사 + N + 불완전한 문장]: 명사절 or 부사절

한 덩어리! whatever(~하는 무슨 N이든, 무슨 N이 ~하든)
whichever(~하는 어느 N이든, 어느 N이 ~하든) + N + (S') V' (O')/(C')

She laughed at **whatever jokes he told**. 그녀는 그가 말하는 무슨 농담에든 웃었다.
= She laughed at any jokes that he told.
Whatever jokes he'd tell, I'll not laugh. 그가 무슨 농담을 말하든, 난 안 웃을 거야.
= No matter what jokes he'd tell, I'll not laugh.

♥최빈출
CODE 16-3 복합관계부사

복합관계부사는 관계부사(when, where, how)에 ever를 붙인 형태로서 **부사절**을 이끈다. 단, whyever는 쓰지 않는다. 복합관계부사 뒤에는 관계부사와 마찬가지로 **완전한 문장**이 나온다!

[복합관계부사 + 완전한 문장]: 부사절

whenever(~할 때마다, 언제 ~하더라도)
wherever(~하는 곳마다, 어디서 ~하더라도) + S' V' ~
*however(아무리 ~하더라도) + 형/부

Whenever I tried to access the server, I just couldn't. 내가 서버에 접속하려고 할 때마다, 나는 할 수 없었다.
= No matter when I tried to access the server, I just couldn't.
However hard I tried, I couldn't access the server. 아무리 열심히 노력해도, 나는 서버에 접속할 수 없었다.
= No matter how hard I tried, I couldn't access the server.

코드노트
출제 CODE 16 복합관계사

CODE 16-1　복합관계대명사　　회독 ●●●

EXERCISE와 문제편에서 다시 볼 예문들을 찾아 기록하고, 틈틈이 복습해 보세요.

CODE 16-2　복합관계형용사　　회독 ●●●

EXERCISE와 문제편에서 다시 볼 예문들을 찾아 기록하고, 틈틈이 복습해 보세요.

♥ 최빈출

CODE 16-3 복합관계부사

회독 ● ● ●

EXERCISE와 문제편에서 다시 볼 예문들을 찾아 기록하고, 틈틈이 복습해 보세요.

Chapter 04
기타 문법편

신경향 인혁처 출제코드(문법편)

출제 CODE 17   병렬구조

출제 CODE 18   형용사 vs. 부사

출제 CODE 19   비교급

출제 CODE 20   대명사

출제 CODE 21   전치사 vs. 접속사

출제 CODE 22   도치

출제 CODE 23   ETS 문법

병렬구조

CHAPTER 04 | 기타 문법편

♥최빈출
CODE 17-1　등위접속사 병렬구조

등위접속사(*and와 *or)로 연결된 어구는 서로 품사가 같아야 하고, 이를 병렬구조라 한다. 두 군데 이상에 병렬이 가능한 경우에는 해석으로 결정한다!

A and/or B A, B, and/or C A, B, C, and/or D	A, B, C, D는 같은 품사 (동명사는 동명사끼리, 부정사는 부정사끼리 연결할 것)

CODE 17-2　상관접속사 병렬구조

상관접속사(both A and B, either A or B, neither A nor B, not A but B, not only A but also B, A as well as B)로 연결된 어구 A, B는 서로 품사가 같아야 한다!

both A and B (A, B 둘 다) neither A nor B (A도 B도 아닌) not only A but also B (A뿐만 아니라 B도)	A, B는 같은 품사	either A or B (A, B 둘 중 하나) not A but B (A가 아니라 B인) A as well as B (B뿐만 아니라 A도)

CODE 17-3 비교대상 병렬구조

비교대상은 서로 동일한 품사와 동일한 대상으로 연결시켜라!

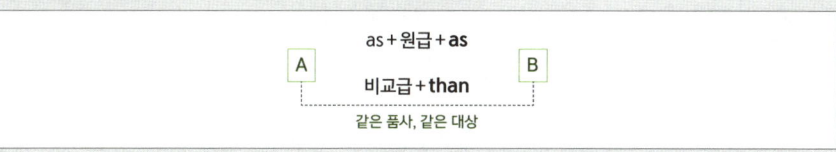

출제 CODE 17 병렬구조

CODE 17-1 등위접속사 병렬구조

EXERCISE와 문제편에서 다시 볼 예문들을 찾아 기록하고, 틈틈이 복습해 보세요.

CODE 17-2 상관접속사 병렬구조

EXERCISE와 문제편에서 다시 볼 예문들을 찾아 기록하고, 틈틈이 복습해 보세요.

CODE 17-3 비교대상 병렬구조

EXERCISE와 문제편에서 다시 볼 예문들을 찾아 기록하고, 틈틈이 복습해 보세요.

출제 CODE 18 | 형용사 vs. 부사

CHAPTER 04 | 기타 문법편

CODE 18-1 | 형용사 vs. 부사

♥최빈출

형용사는 명사를 수식하고, 주어나 목적어의 상태를 설명하는 보어 역할을 한다. 반면 부사는 문장 전체, (준)동사, 형용사, 또 다른 부사를 수식한다!

형용사가 정답인 경우	부사가 정답인 경우
① 명사 수식 [형/부] + N + [형/부] ② 보어 역할 S + ★2V + [형/부] S + ★5V + O + [형/부]	① 동사, 형용사, 부사, 문장 전체 등 수식 문장 전체 수식 [형/부], S [형/부] V O/C [형/부] 5V 아닌 경우 부사! ② 준동사 수식 [형/부] to RV/RVing/p.p. [형/부]

CODE 18-2 | 보어를 취하는 동사

'형용사 vs. 부사' 유형은 사실 동사에 대한 이해를 묻는 문제로, 주격보어와 목적격보어를 필요로 하는 2형식 동사와 5형식 동사를 각각 암기해 두어야 한다!

주격보어를 취하는 동사(2V)	목적격보어를 취하는 동사(5V)
S + ★2V + [형/부] ① 상태: be ② 상태변화(~이 되다) : become, get, grow, go, run, turn, fall ③ 상태유지(계속 ~하다) : remain, keep, stay ★④ 감각동사 : look, smell, taste, sound, feel	S + ★5V + O + [형/부] make leave think keep consider find

CODE 18-3 서술적 용법의 형용사

형용사 중에는 명사 수식(한정적 용법)만 하는 형용사와, 보어 역할(서술적 용법)만 하는 형용사가 있다. 이 중에서 후자인 보어 역할만 하는 형용사가 시험에 출제되므로, 해당 형용사를 암기하자!

서술적 용법의 형용사: afraid(두려워하는), alike(서로 같은), alive(살아 있는), alone(혼자 있는), awake(깨어 있는), asleep(잠든), ashamed(수치스러운), aware(알고 있는) 등

① 명사 수식: 불가능

[형/부] + N + [형/부]

② 보어 역할: 가능

S + ★2V + SC
S + ★5V + O + OC

CODE 18-4 혼동하기 쉬운 부사

형용사와 형태가 같은 부사와 의미상 유의해야 할 부사를 구별하여 기억해 둔다.

형용사와 형태가 같은 부사	의미상 유의해야 할 부사
fast(빠른) – fast(빨리) early(이른) – early(일찍) late(늦은) – late(늦게) hard(어려운, 열심인) – hard(열심히) high(높은) – high(높이) near(가까운) – near(가까이)	late(늦게) vs. lately(최근에) hard(열심히) vs. *hardly(거의 ~ 않다) high(높이) vs. *highly(매우) near(가까이) vs. nearly(거의)

출제 CODE 18 형용사 vs. 부사

CODE 18-1 형용사 vs. 부사

EXERCISE와 문제편에서 다시 볼 예문들을 찾아 기록하고, 틈틈이 복습해 보세요.

CODE 18-2 보어를 취하는 동사

EXERCISE와 문제편에서 다시 볼 예문들을 찾아 기록하고, 틈틈이 복습해 보세요.

CODE 18-3 서술적 용법의 형용사

EXERCISE와 문제편에서 다시 볼 예문들을 찾아 기록하고, 틈틈이 복습해 보세요.

CODE 18-4 혼동하기 쉬운 부사

EXERCISE와 문제편에서 다시 볼 예문들을 찾아 기록하고, 틈틈이 복습해 보세요.

 비교급

CHAPTER 04 | 기타 문법편

CODE 19-1 원급 비교

공무원 영어에서 원급 비교구문은 주로 형태적 오류를 묻는 유형으로 출제된다. 즉 as와 as 사이에 원급이 제대로 쓰였는지, than이 아닌 as를 맞게 썼는지 등을 점검하라!

```
                    ② than 아닌 as 맞는지?
          A   as + 원급 + as   B
① 비교급 아닌 원급 맞는지?
```

cf. as + 원급 + as 사이의 형용사가 명사를 꾸밀 때 어순: A ~ as + 형 + a/an + 명 as B (⇨ CODE 22-5)

CODE 19-2 비교급 비교

비교급을 포착하면, than의 등장을 기대하고 있어야 한다.

```
                    as 아닌 than 맞는지?
          A   비교급 + than   B
```

cf. ① 라틴 비교 전치사 to
   라틴어에서 기원된 형용사와 동사는 비교대상 앞에 than 대신 to를 사용한다. **superior**(더 나은), **inferior**(더 못한), **senior**(더 나이 든), **junior**(더 어린), **prefer**(~을 더 좋아하다) 등의 예를 기억해 둔다.

cf. ② prefer **to RV rather than (to) RV**: ~하느니 차라리 ···하기를 선호한다
   = prefer A to B
   I prefer **to drive rather than travel** by bus. 나는 버스를 타는 것보다 차라리 운전하는 게 더 좋다.
   = I prefer driving to traveling by bus.

CODE 19-3　비교급 관용표현

'**the**+비교급 ~, **the**+비교급 …(~할수록 더 …하다)' 구문은 형용사 또는 부사를 강조하는 구문이다. 시험에서는 **비교급의 형태**에 오류가 있거나, **비교급 대신 최상급 또는 원급**을 잘못 쓴 경우 등이 출제된다.

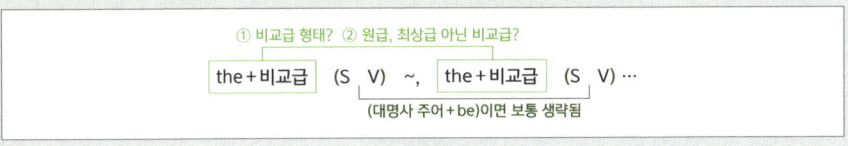

CODE 19-4　비교급 강조 부사

비교급 강조 부사인 **much, still, even, a lot, (by) far**를 기억하라. 이는 비교급과 함께 쓰여 '**훨씬 더 ~한**'으로 해석한다.

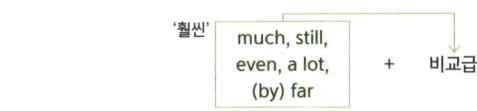

cf.　very는 비교급이 아닌 원급 또는 최상급을 강조한다.
　　She is a **very** good candidate for the job. 　그녀는 그 일에 매우 뛰어난 후보이다.
　　She is the **very** best candidate for the job. 　그녀가 바로 그 일에 있어 최선의 후보이다.

CODE 19-5 배수표현

원급 또는 비교급 비교구문 앞에 배수사(X times)가 나오면 '몇 배 ~한'의 의미를 나타내며, 아래와 같은 구문을 사용할 수 있다.

> A 배수사(X times) + as + 원급 + as B
> = A 배수사(X times) + 비교급 + than B

cf. 단, 배수사 대신 twice(2배)를 사용한 경우에는 as ~ as만 사용한다.

CODE 19-6 최상급 대용표현

'가장 ~한'이라는 뜻의 'the + 최상급' 대신 쓸 수 있는 표현들을 기억하라.

> the + 최상급
> = No (other) + N ~ so/as + 원급 + as …
> = No (other) + N ~ 비교급 + than …
> = 비교급 + than **any other** + 단수N
> = 비교급 + than **all the other** + 복수N

She is the most intelligent girl.
= No other girl is so(= as) intelligent as she.
= No other girl is more intelligent than she.
= She is more intelligent than any other girl.
= She is more intelligent than all the other girls.

CODE 19-7 비교구문 병렬구조

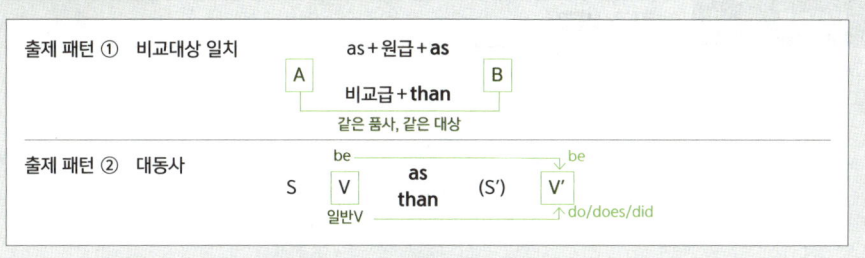

코드노트
출제 CODE 19 비교급

♥최빈출
CODE 19-1 원급 비교

EXERCISE와 문제편에서 다시 볼 예문들을 찾아 기록하고, 틈틈이 복습해 보세요.

CODE 19-2 비교급 비교

EXERCISE와 문제편에서 다시 볼 예문들을 찾아 기록하고, 틈틈이 복습해 보세요.

CODE 19-3 비교급 관용표현

회독 ● ● ●

EXERCISE와 문제편에서 다시 볼 예문들을 찾아 기록하고, 틈틈이 복습해 보세요.

○ ○
○ ○
○ ○
○ ○
○ ○
○ ○
○ ○
○ ○
○ ○
○ ○
○ ○
○ ○

CODE 19-4 비교급 강조 부사

회독 ● ● ●

EXERCISE와 문제편에서 다시 볼 예문들을 찾아 기록하고, 틈틈이 복습해 보세요.

○ ○
○ ○
○ ○
○ ○
○ ○
○ ○
○ ○
○ ○
○ ○
○ ○
○ ○
○ ○

출제 CODE 19 비교급

CODE 19-5 배수표현

EXERCISE와 문제편에서 다시 볼 예문들을 찾아 기록하고, 틈틈이 복습해 보세요.

CODE 19-6 최상급 대용표현

EXERCISE와 문제편에서 다시 볼 예문들을 찾아 기록하고, 틈틈이 복습해 보세요.

CODE 19-7　비교구문 병렬구조

최빈출　회독

EXERCISE와 문제편에서 다시 볼 예문들을 찾아 기록하고, 틈틈이 복습해 보세요.

출제 CODE 20 | 대명사

CHAPTER 04 | 기타 문법편

CODE 20-1 대명사의 수, 성, 격

대명사는 **수, 성, 격**을 확인해야 한다. 특히 ★**수**가 주로 출제된다.

출제 요소	출제 패턴
★수	단수N ~ 복수N / 단수 vs. 복수 어느 명사를 받는지 해석으로 확인! / it/its they/their/them
성	남성N ~ 여성N ~ 중성N / 남성 vs. 여성 vs. 중성 어느 명사를 받는지 해석으로 확인! / he she it/that
격	대명사가 쓰이는 위치 확인! S V O/C ~ 명사 수식 N 주격 목적격 소유격

CODE 20-2 재귀대명사

재귀대명사는 **행위의 주어와 목적어가 같은 대상**일 때 목적어 자리에 사용한다(= 재귀용법).

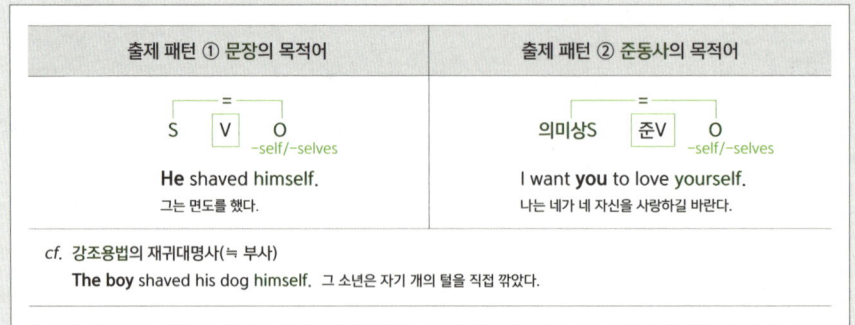

출제 패턴 ① 문장의 목적어

S V O
         -self/-selves
He shaved **himself**.
그는 면도를 했다.

출제 패턴 ② 준동사의 목적어

의미상S 준V O
                  -self/-selves
I want **you** to love **yourself**.
나는 네가 네 자신을 사랑하길 바란다.

cf. 강조용법의 재귀대명사(= 부사)
　　The boy shaved his dog **himself**. 그 소년은 자기 개의 털을 직접 깎았다.

CODE 20-3 부정대명사

부정대명사 one(불특정한 하나), another(또 다른 하나), the other(나머지 하나/한 사람), the others (나머지 것들/사람들), some(일부), others(막연히 다른 것들/사람들)의 용례를 정확히 이해하라.

단수 부정대명사	**one** 불특정한 하나/일반 사람	**another**(+단수N) 또 다른 하나
	cf. it vs. one it: 앞의 단수명사를 그대로 받을 때(= the N) one: 앞에 나온 단수명사와 종류는 같지만 불특정한 대상일 때(= a/an N) ones: 불특정 대상을 지칭할 때(= N(e)s) I prefer red apples to green ones.(ones = apples)	
수가 한정된 경우	the other(+단수N) 나머지 하나/한 사람	the other + 복수N = the others 나머지 것들/사람들
	cf. 암묵적 한정 the other side 맞은편, (양면의) 반대쪽 the other person 상대방 the other hand 다른 손	
대상이 다수이며, 수가 중요하지 않을 때	불가산 가산 some(+단수N/복수N) 어떤 것들/사람들	불가산 가산 other + 단수N/복수N = others 다른 것들/사람들

♥최빈출

CODE 20-4 it/them vs. that/those

인칭대명사 it/them은 원칙적으로 뒤에 수식어가 나올 수 없는 반면, 지시대명사 that/those는 뒤에 수식어를 동반할 수 있다. 따라서, 후치 수식어가 없다면 앞에 나온 명사의 수를 따라 it 또는 them을, 후치 수식어가 있다면 that 또는 those를 선택하라.

it/them vs. that/those ← 형용사(구) / 현재분사/과거분사(구) / 전명구 / 관계절

출제 CODE 20 대명사

CODE 20-1 대명사의 수, 성, 격

EXERCISE와 문제편에서 다시 볼 예문들을 찾아 기록하고, 틈틈이 복습해 보세요.

CODE 20-2 재귀대명사

EXERCISE와 문제편에서 다시 볼 예문들을 찾아 기록하고, 틈틈이 복습해 보세요.

CODE 20-3 부정대명사

EXERCISE와 문제편에서 다시 볼 예문들을 찾아 기록하고, 틈틈이 복습해 보세요.

CODE 20-4 it/them vs. that/those

EXERCISE와 문제편에서 다시 볼 예문들을 찾아 기록하고, 틈틈이 복습해 보세요.

출제 CODE 21 전치사 vs. 접속사 — CHAPTER 04 | 기타 문법편

♥최빈출
CODE 21-1 전치사 vs. 접속사

전치사 뒤에는 **명사(구)**가 나오는 반면, 접속사 뒤에는 **절, 분사구, 형용사구, 전명구** 등이 나올 수 있다.

전치사가 정답인 경우	접속사가 정답인 경우
전치사 + N (수식어) 절로 착각하지 말 것!	접속사 + S V / 분사구 / 형용사구 / 전명구
SWAN's TIP 역대 최빈출 [전치사 vs. 접속사] pair	
~이기 때문에: 전 because of vs. 접 because	
because of + N / ~ing = owing to = due to = thanks to	because + S V
~에도 불구하고: 전 despite vs. 접 (al)though	
despite + N / ~ing / the fact that ~ = in spite of	(al)though + S V
~하는 동안: 전 during vs. 접 while	
during + N	while + S V / 분사 / 전명구

CODE 21-2 자주 비교되는 전치사

의미나 용법이 비슷한 전치사들을 비교하여 정리하라.

종류	용법	의미	예문
for vs. during	for + 불특정 기간(숫자)	~ 동안	We'll stay in London **for a week**. 우리는 2주 동안 런던에 있을 거야.
	during + 특정 기간	~ 동안	We'll stay in London **during the vacation**. 우리는 휴가 동안 런던에 있을 거야.
by vs. until	by + 시간	~까지(완료)	He'll finish the work **by noon**. 그는 정오까지 그 일을 끝낼 거야.
	until + 시간	~까지(계속)	We'll wait for him **until noon**. 우리는 그를 정오까지는 기다릴 거야.
at	at + 시간	~에	**at** 7 o'clock, **at** noon, **at** night
on	on + 날짜, 요일	~에	**on** Sunday, **on** Christmas
in	in + 하루 중 일부, 월, 연도, 계절	~에	**in** the morning, **in** March, **in** 2005, **in** summer
to vs. toward(s)	to + 목적지, 도착	~으로	He sent the book **to his friend**. 그는 그 책을 친구에게 보냈다.(친구에게 도달함)
	toward(s) + (추상적인) 방향	~을 향해	She walked **toward(s) the store**. 그녀는 가게를 향해 걸어갔다. (방향만 말할 뿐 도달 X)
beside vs. besides	beside + N	~ 옆에	We listened to music, sitting **beside each other**. 우리는 나란히 앉아서 음악을 들었다.
	besides + N	~ 외에도, ~을 제외하고	**Besides** music, we have many in common. 음악 말고도, 우리는 공통점이 많다.
between vs. among	between + 두 명	~ 사이에	Our holiday house is **between the mountains and the sea**. 우리 별장은 산과 바다 사이에 있다.
	among + 세 명 이상	~ 사이에	The ancient fountain was hidden **among the trees**. 그 오래된 분수는 나무들 사이에 숨겨져 있었다.

출제 CODE 21 전치사 vs. 접속사

CODE 21-1 전치사 vs. 접속사

EXERCISE와 문제편에서 다시 볼 예문들을 찾아 기록하고, 틈틈이 복습해 보세요.

CODE 21-2 자주 비교되는 전치사

EXERCISE와 문제편에서 다시 볼 예문들을 찾아 기록하고, 틈틈이 복습해 보세요.

MEMO >>

출제 CODE 22 | 도치

CHAPTER 04 | 기타 문법편

CODE 22-1 V + S 도치

전명구/부사(구), 형용사, 분사 등이 문두에 위치하면 주어와 동사는 'V + S' 어순으로 도치된다. 이러한 도치문에서는 *수일치, '능동 vs. 수동', '형용사 vs. 부사' 등이 주로 출제된다.

$$\begin{pmatrix} 전명구/부사(구) \\ 형용사 \\ 분사 \end{pmatrix} + V + S$$

♥최빈출
CODE 22-2 부정부사(구·절) 도치

부정부사를 포함한 구 또는 절이 하나의 절 앞에 위치하면 주어와 동사는 의문문 어순으로 도치된다. 동사의 유형에 따른 세부적인 어순을 잘 파악해 둔다.

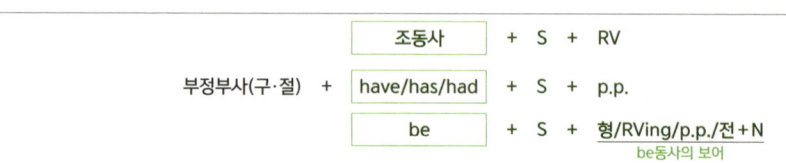
부정부사(구·절) + [조동사] + S + RV
부정부사(구·절) + [have/has/had] + S + p.p.
부정부사(구·절) + [be] + S + 형/RVing/p.p./전+N
　　　　　　　　　　　　　　　　　　be동사의 보어

부정부사	부정부사구	부정부사절
never, little, *hardly, scarcely, *rarely, seldom	not only, no sooner, under no circumstances, not until N, only + 부사	*not until S V *only if/when S V only after S V

cf. ① 'so ~ that …' 구문의 도치

'so ~ that …(너무 ~해서 …하다)' 구문(⇨ CODE 23-7)의 'so + 형/부'가 문두로 나와 강조되는 경우에는 주절의 주어와 동사가 의문문 어순으로 도치된다.

He spoke **so fast that** nobody could fully understand.
= **So fast did he speak that** nobody could fully understand.
　그의 말이 너무 빨라서 아무도 완전히 이해하지 못했다.

cf. ② '~하자마자 …하다' 구문: 시제 + 도치 + 해석 + 형태에 유의!(⇨ CODE 3-3)

S had no sooner p.p. ~ than S' 과거V' …　⇨　No sooner had S p.p. ~ than S' 과거V' …
= S had [hardly/scarcely] p.p. [before/when] S' 과거V' … = [Hardly/Scarcely] had S p.p. ~ [before/when] S' 과거V' …

♥최빈출
CODE 22-3 긍정·부정 동의

긍정문에 대한 동의는 so를, 부정문에 대한 동의는 neither 또는 nor를 사용하여 나타낸다. 동의 구문에서는 의문문 어순 도치가 일어난다.

```
                    긍정문  → so              의문문 어순 도치
    S    V                          +   조동사/be     + S
                    부정문  → neither/nor         have/has/had  + S
```

CODE 22-4 as/than 선택적 도치

비교구문 문어체에서 as와 than 뒤에는 도치가 일어날 수 있으며, 대동사 또는 수 일치 포인트로 출제된다. 단, 대명사 주어가 나오는 경우에는 도치하지 않는다.

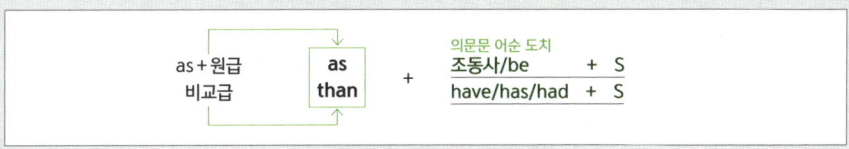

♥최빈출
CODE 22-5 so+형+a/an+명

so, too, as, how, this/that 등의 부사는 명사를 꾸미는 형용사 앞에 삽입될 때 'a/an+부사+형용사+명사'의 어순이 아닌 '부사+형용사+a/an+명사'의 어순으로 쓰임을 기억하라.

```
         *so
         too
         as       +  형  +  a/an  +  명
         how
         this/that
```

cf. such+a/an+형+명 → 의미는 같으나 어순이 다름

출제 CODE 22　도치

CODE 22-1　V + S 도치

EXERCISE와 문제편에서 다시 볼 예문들을 찾아 기록하고, 틈틈이 복습해 보세요.

최빈출
CODE 22-2　부정부사(구·절) 도치

EXERCISE와 문제편에서 다시 볼 예문들을 찾아 기록하고, 틈틈이 복습해 보세요.

CODE 22-3 긍정·부정 동의

EXERCISE와 문제편에서 다시 볼 예문들을 찾아 기록하고, 틈틈이 복습해 보세요.

CODE 22-4 as/than 선택적 도치

EXERCISE와 문제편에서 다시 볼 예문들을 찾아 기록하고, 틈틈이 복습해 보세요.

출제 CODE 22 도치

CODE 22-5 so + 형 + a/an + 명

EXERCISE와 문제편에서 다시 볼 예문들을 찾아 기록하고, 틈틈이 복습해 보세요.

MEMO >>

ETS 문법

CHAPTER 04 | 기타 문법편

♥ 최빈출
CODE 23-1　자리에 맞는 품사 선택하기

토익 출제 기관인 ETS에서는 자리에 알맞은 품사를 선택하는 문제가 무려 **45%가 출제**된다.

> S + V + **접속사** + S + V
> (완전한 문장)　　　　　(완전한 문장)
>
> S + V + **전치사** + N
> (완전한 문장)

① 주어 자리에 밑줄이 있으면 **명사**

② 동사 자리에 밑줄이 있으면 **동사**

③ 명사를 수식하는 자리에 밑줄이 있으면 **형용사(소유격 포함)**

④ 동사, 형용사, 부사, 문장 전체를 수식하는 자리에 밑줄이 있으면 **부사**

　cf. 부사가 정답이 되는 빈출코드
　　be + **(-ly)** + ing
　　be + **(-ly)** + p.p.
　　have + **(-ly)** + p.p.

⑤ 절과 절을 연결하는 자리에 밑줄이 있으면 **접속사**

⑥ 절과 명사를 연결하는 자리에 밑줄이 있으면 **전치사**

CODE 23-2 가산명사와 불가산명사

토익에서 빈출되는 30개 정도의 불가산명사를 암기하고, 가산명사와 불가산명사의 용법을 정리하라.

가산명사 용법	불가산명사 용법
① a(n) + 가산명사 　　a book ② the/소유격 + 가산명사 　　the book 　　the books 　　his book ③ 복수 형태 가능(일반적 의미) 　　books 　　churches ④ 단독으로 사용되지 못함 　　book (X) 　　church (X)	① 'a(n) + 불가산명사'의 형태 불가능 　　a knowledge (X) ② the/소유격 + 가산명사 　　the knowledge 　　their knowledge ③ 복수 형태 불가능 　　knowledges (X) ④ 단독으로 사용될 수 있음(일반적 의미) 　　knowledge

빈출 불가산명사	
형태가 일정하지 않은 물질	*water, milk, coffee, *tea, beer, wine, oil, juice, blood, sugar, *rice, salt, sand, flour, *hair
형태가 없는 정보	*information, *advice, news, evidence, *research
상위 개념의 집단	machinery(기계류), *luggage(수화물), mail(우편), equipment(장비), furniture(가구), stationery(문구), *money(돈), cash(현금), change(잔돈), reimbursement(배상)
추상적 개념	knowledge, *damage, access, consent, homework
동명사가 명사화된 경우	housing, *advertising, clothing(의복), flooring, plumbing, *packaging

CODE 23-3 still/yet/already

토익에서 빈출되는 30개 정도의 불가산명사를 암기하고, 가산명사와 불가산명사의 용법을 정리하라.

	긍정문과 부정문 모두에서 쓸 수 있다.	
still	긍정문	부정문(still not을 기억할 것)
	They are **still** working on the project. 그들은 여전히 그 프로젝트를 진행 중이다.	He **still hasn't called** me back. 그는 여전히 나에게 전화를 안 했다.
yet	보통 부사로 사용되며, 토익 시험에서는 부정문(not)에 어울리는 뜻으로 빈번하게 출제된다.	
	부정문	I **have not yet eaten** lunch. = I **have not eaten** lunch **yet**. 나는 아직 점심을 먹지 못했다. cf. have yet to do(아직 ~하지 못하다) I **have yet to eat** lunch. 나는 아직 점심을 먹지 못했다. I **have yet to call** her. 나는 아직 그녀에게 전화하지 못했다.
already	'이미 완료했다, 끝냈다'라는 느낌으로 보통 긍정문에서 쓰이며, 부정문은 yet으로 대체하여 사용한다. The movie **has already started**. 영화가 이미 시작됐어.	

CODE 23-4 those who vs. anyone who

anyone [who + 단수동사 ~] + 단수동사
= whoever + 단수동사 ~ + 단수동사

those [who + 복수동사 ~] + 복수동사
= the people who + 복수동사 ~ + 복수동사

CODE 23-5 most, almost, no, none, all/some/most + (of)

almost(거의)	부사(= nearly)

I **almost** failed the exam. 나는 시험에 거의 실패할 뻔했다.
cf. almost all(= nearly all)
I know **almost all** the people here.
나는 여기 있는 사람들을 거의 다 알고 있다.

most(가장, 대부분의, 대부분)		형용사, 대명사, 부사
형용사	most + 불가산명사(단수명사)	I spent **most money**. 나는 대부분의 돈을 썼다.
	most + 가산명사(복수명사)	**Most cars** have four doors. 대부분의 자동차에는 문이 4개 있다.
대명사		Some people like to make trouble, but **most** just want a quiet life. 어떤 사람들은 문제를 일으키는 것을 좋아하지만 대부분은 단지 조용한 삶을 원한다.
부사		It is **the most** expensive car in the world. 그것은 세계에서 가장 비싼 자동차이다.

no(~가 없는)	형용사

There's **no excuse** for being late for the exam.
시험에 늦는 데에는 변명의 여지가 없다.

none(어느 것도, 그 누구도)	대명사

None of the options in the menu caught her eyes.
메뉴의 어느 것 하나도 그녀의 눈을 사로잡지 못했다.

all(모든)		형용사, 대명사, 부사
형용사	all + 가산명사(복수명사)	**All books** are informative. 모든 책은 유익하다.
	all + 불가산명사(단수명사)	**All paper** is recycled. 모든 종이는 재활용된다.
대명사	all이 사물이면 단수동사	**All** you need is love. 당신이 필요한 건 사랑뿐이다.
	all이 사람이면 복수동사	**All** are present at the meeting. 모두가 회의에 참석했다.
부사		My students are **all** living in Korea. 내 학생들은 모두 한국에 살고 있다.

some(몇몇(의), 약간(의))		형용사, 대명사
형용사	some + 가산명사(복수명사)	She brought **some interesting books.** 그녀는 흥미로운 책들을 가져왔다.
	some + 불가산명사(단수명사)	Can you give me **some good advice**? 나에게 좋은 조언을 해줄 수 있나요?
대명사		We'll need **some** to complete this. 이 작업을 완료하려면 몇 가지가 필요하다.

any(어느(어떤) ~든지, 누구나)		형용사, 대명사
형용사	any + 가산명사(복수명사)	Do you have **any questions**? 질문 있으세요?
	any + 불가산명사(단수명사)	**Any information** is useful in this investigation. 모든 정보는 이 조사에 유용하다.
대명사		**Any** are welcome here. 누구든지 여기에 오신 것을 환영합니다.

all/most/some/any/none of *한정사 + 명사 (~ 중 모두/대부분/몇몇/누구든(어느 것이든)/그 누구도) *cf.* 한정사: 관사(a, an, the), 지시어(this, these, that, those), 소유격(our, his, her, …)	대명사

Most of my friends are married and have children. 내 친구들은 대부분 결혼해서 아이도 있다.
All of this article is based on groundless rumors. 이 글은 모두 근거 없는 루머를 바탕으로 작성되었다.
Some of my friends can speak English. 내 친구 중 일부는 영어를 할 수 있다.
 cf. all은 전치사 of 없이 한정사가 바로 이어질 수 있음에 유의하자.
   all (of) the money (O) / all of money (X)
   all (of) his money (O)
   all (of) the students (O)
   all (of) his students (O) / all of students(X)

CODE 23-6 복합명사

원칙적으로는 명사가 두 개를 연속으로 붙여 사용하면 안 된다. 그러나 예외적으로 명사가 두 개를 연속으로 붙여 사용하는 명사를 **복합명사**라고 하며, 따로 암기해 두어야 한다.

an application form	신청서	expiration date	만료일
job openings	채용 공고	an awards ceremony	시상식
office supplies	사무용품	retail sales	소매 판매
public relations	홍보	retirement party	은퇴 파티
sales figures	판매 실적	a contingency plan	비상 계획
a keynote speaker	기조 연설자	a meeting venue	회의 장소
a marketing strategy	마케팅 전략	a work shift	근무 교대
a training session	교육 세션	safety procedure	안전 절차
an art exhibition	미술 전시회	safety standards	안전 기준
safety regulations	안전 규정	a bank transaction	은행 거래
a safety inspection	안전 검사	a retirement party	은퇴 파티
a shipping charges	배송료	a security deposit	보증금
application form	지원서	construction equipment	건설 장비
baggage allowance	수하물 허용량	energy efficiency	에너지 효율성
customer satisfaction	고객 만족도	media coverage	언론 보도
trip offerings	여행 혜택	employee productivity	직원 생산성
safety precautions	안전 예방 조치	sales representative	영업 대표
savings account	저축 계좌	product description	제품 설명
profit loss	이익 손실	assembly line	조립 공정

CODE 23-7 이중부정 불가

영어에서 이중부정은 원칙적으로 불가하다. 따라서 완전부정어(no, never), 준부정어(hardly, scarcely, seldom, rarely, barely, little, few), 부정의 의미를 내포한 접속사(unless, lest, nor) 등이 앞에 있으면 뒤에 부정 표현이 나오지 않는다.

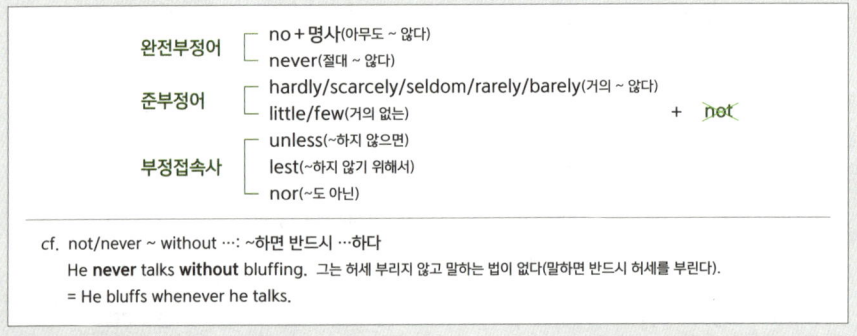

cf. not/never ~ without … : ~하면 반드시 …하다
He **never** talks **without** bluffing. 그는 허세 부리지 않고 말하는 법이 없다(말하면 반드시 허세를 부린다).
= He bluffs whenever he talks.

CODE 23-8 부가의문문

부가의문문을 만드는 공식을 기억하라.

① 긍정문: ~, 부정축약형 + 주어?	② 부정문: ~, 긍정형 + 주어?
He is sweet, **isn't** he? 그는 상냥해, 그렇지 않니?	He is not rude, **is** he? 그는 무례하지 않아, 그렇지?
She called you back, **didn't** she? 그녀는 네게 다시 전화했지, 그렇지 않았어?	She didn't answer the phone, **did** she? 그녀는 전화를 받지 않았어, 그렇지?
Laura will come, **won't** she? Laura는 올 거야, 그렇지 않겠어?	Laura won't visit us again, **will** she? Laura는 다시 우리를 방문하지 않을 거야, 그렇지?

★복문의 부가의문문: 주절 동사에 따라 결정

S V 접 S' V' ~, V S ?
① 긍정 → 부정 축약
② 부정 → 긍정 축약

CODE 23-9　as 양보구문

부사절 접속사 as가 '~하면서, ~할 때, ~함에 따라' 등의 의미가 아니라 '비록 ~일지라도'의 의미로 쓰이면 어순이 독특해진다. as절의 보어나 부사구가 문장 맨 앞으로 나가고, 이어서 'as+주어+동사'의 어순을 쓰면 된다. as 대신 though를 써도 무방하다. 단, though는 도치 없이 'though+주어+동사 ~'의 어순을 그대로 쓰더라도 양보의 의미가 성립하지만, as는 도치를 해야만 양보의 의미로 쓸 수 있다.

| 형/명/부 | as/though | S' V' ~, S V ~. |

(= though S' V' 형/명/부 ~)

CODE 23-10　결과 부사절 구문

명사절 접속사 또는 관계대명사로 주로 쓰이는 that이 so 또는 such와 함께 쓰이면 결과의 부사절(그 결과 …하다)을 이끌기도 한다. 'so+형/부+that S' V'', 'such+명+that S' V''를 구별해서 기억해 둔다.

결과 부사절: '너무 ~해서 …하다'

① <u>so</u> + 형/부 + that S' V'
　　~~such~~

② <u>such</u> + (a+형) + 명 + that S' V'
　　~~so~~

출제 CODE 23　ETS 문법

♥최빈출

CODE 23-1　자리에 맞는 품사 선택하기

EXERCISE와 문제편에서 다시 볼 예문들을 찾아 기록하고, 틈틈이 복습해 보세요.

○ ○
○ ○
○ ○
○ ○
○ ○
○ ○
○ ○
○ ○
○ ○
○ ○
○ ○
○ ○

CODE 23-2　가산명사와 불가산명사

EXERCISE와 문제편에서 다시 볼 예문들을 찾아 기록하고, 틈틈이 복습해 보세요.

○ ○
○ ○
○ ○
○ ○
○ ○
○ ○
○ ○
○ ○
○ ○
○ ○

CODE 23-3　still/yet/already

EXERCISE와 문제편에서 다시 볼 예문들을 찾아 기록하고, 틈틈이 복습해 보세요.

CODE 23-4　those who vs. anyone who

EXERCISE와 문제편에서 다시 볼 예문들을 찾아 기록하고, 틈틈이 복습해 보세요.

출제 CODE 23 ETS 문법

CODE 23-5 most, almost, no, none, all/some/most + (of) 회독

EXERCISE와 문제편에서 다시 볼 예문들을 찾아 기록하고, 틈틈이 복습해 보세요.

CODE 23-6 복합명사 회독

EXERCISE와 문제편에서 다시 볼 예문들을 찾아 기록하고, 틈틈이 복습해 보세요.

CODE 23-7 이중부정 불가

EXERCISE와 문제편에서 다시 볼 예문들을 찾아 기록하고, 틈틈이 복습해 보세요.

CODE 23-8 부가의문문

EXERCISE와 문제편에서 다시 볼 예문들을 찾아 기록하고, 틈틈이 복습해 보세요.

출제 CODE 23　ETS 문법

CODE 23-9　as 양보구문

EXERCISE와 문제편에서 다시 볼 예문들을 찾아 기록하고, 틈틈이 복습해 보세요.

CODE 23-10　결과 부사절 구문

EXERCISE와 문제편에서 다시 볼 예문들을 찾아 기록하고, 틈틈이 복습해 보세요.

MEMO >>